clara

Kurze lateinische Texte
Herausgegeben von Hubert Müller

Heft 18

M. Tullius Cicero, Oratio pro Archia poeta

Bearbeitet von Stefan Kliemt

Mit 10 Abbildungen

Vandenhoeck & Ruprecht

Liebe Schülerin, lieber Schüler,

diese Ausgabe enthält den kompletten Text von Ciceros Rede für den Dichter Archias, mit der er im Jahr 62 v. Chr. seinen ehemaligen Lehrer gegen den Vorwurf, er habe sich das römische Bürgerrecht erschlichen, verteidigte. Cicero betont in ihr die wichtige Rolle der Dichtung und vor allem der Bildung für den einzelnen Menschen und die römische Gesellschaft.

Die Ausgabe bietet die Möglichkeit, den Aufbau einer antiken Rede kennenzulernen und zu untersuchen, inwiefern Cicero die vorliegende Rede nach den von ihm selbst in seinem Frühwerk über die Redekunst *De inventione* aufgestellten Grundregeln verfasst hat. Sie geht außerdem auf aktuelle Fragen nach Inhalten und Sinn von Bildung und Schulbildung ein.

Wir unterstützen Ihre Arbeit am Text folgendermaßen:

- Längere Sätze sind nach Sinneinheiten gesetzt.
- In der rechten Spalte sind die Vokabeln angegeben, die nicht zum Klett'schen Grundwortschatz gehören. Rot hervorgehoben sind entweder die Wörter des Aufbauwortschatzes oder die, die in der Textsammlung mindestens zweimal belegt sind. Sie sind als Lernvokabeln gedacht und werden nur bei ihrem ersten Vorkommen aufgeführt. Am Ende des Heftes sind sie noch einmal alphabetisch zusammengestellt.
- Fragen und Aufgaben helfen Ihnen, die Texte zu verstehen und zu erschließen.

ISBN 10: 3-525-71717-2
ISBN 13: 978-3-525-71717-2

© 2007, Vandenhoeck & Ruprecht GmbH & Co.KG, Göttingen / www.v-r.de
Alle Rechte vorbehalten. Das Werk einschließlich seiner Teile ist urheberrechtlich geschützt. Jede Verwertung außerhalb der engen Grenzen des Urheberrechtsgesetzes ist ohne Zustimmung des Verlages unzulässig und strafbar. Das gilt insbesondere für Vervielfältigungen, Übersetzungen, Mikroverfilmungen und die Einspeisung und Verarbeitung in elektronischen Systemen. Printed in Germany.
Gestaltung: Markus Eidt, Göttingen
Satz und Lithos: Dörlemann Satz, Lemförde
Druck und Bindung: CPI books, Leck

Gedruckt auf chlorfrei gebleichtem Papier.

Abbildungsnachweis: Archäologisches Institut der Universität Göttingen: 29, 33; AKG, Berlin: 13, 31, 34; © Ernst Barlach Lizenzverwaltung Ratzeburg: 21; Dorothea Heise: 35; Jutta Schweigert: 36

Inhalt

1	Was Cicero und Archias verbindet	4
2	Cicero poeta?	6
3	Ein ungewöhnliches Thema	7
4	Der Ruhm des jungen Archias	8
5	Archias' Weg bis nach Rom	9
6	Der Dichter und die Highsociety	10
7	Die Lex Plautia Papiria	12
8	Zeugen für Archias	14
9	Weitere Zeugen für Archias	15
10	Wer will nicht einen solchen (Mit-)Bürger?	16
11	Das »Problem« mit dem census	18
12	Verdienst des Archias	20
13	Wie Cicero seine Freizeit verbringt	22
14	Die Bedeutung der Literatur	23
15	Virtus und doctrina	24
16	Wann und warum sollte man studieren?	24
17	Hochachtung vor der Bildung anderer	26
18	Besondere Fähigkeiten des Archias	26
19	Das exemplum Homer	28
20	Das exemplum Themistocles	29
21	Archias und der Krieg gegen Mithridates	30
22	Das exemplum Ennius	31
23	Bedeutung der Dichter	32
24	Achills Glück	33
25	Sulla und der malus poeta	34
26	Was alle Menschen antreibt	35
27	Das exemplum Brutus	36
28	Cicero und sein Konsulat	37
29	Der Stimulus gloriae	38
30	Memoria sempiterna	38
31	Ciceros Plädoyer I	40
32	Ciceros Plädoyer II	41

Erklärendes Verzeichnis der Eigennamen 42
Lernwortschatz 46

1 Was Cicero und Archias verbindet

Si quid est in me ingeni, iudices,
quod sentio,
quam sit exiguum,
aut si qua exercitatio dicendi,
5 in qua me non infitior mediocriter esse versatum,
aut si huiusce rei ratio aliqua
ab optimarum artium studiis ac disciplina profecta,
a qua ego
nullum confiteor aetatis meae tempus abhorruisse,
10 earum rerum omnium vel in primis hic A. Licinius fructum
a me repetere prope suo iure debet.
Nam, quoad longissime potest mens mea
respicere spatium praeteriti temporis
et pueritiae memoriam recordari ultimam,
15 inde usque repetens hunc video mihi principem
et ad suscipiendam
et ad ingrediendam rationem horum studiorum exstitisse.

Quodsi haec vox
huius hortatu praeceptisque conformata
20 non nullis aliquando saluti fuit,
a quo id accepimus,
quo ceteris opitulari et alios servare possemus,
huic profecto ipsi,
quantum est situm in nobis,
25 et opem et salutem ferre debemus.

ingenī = ingeniī
exiguus: klein, gering
exercitātiō, ōnis *f.*: Übung, Gewandtheit
īnfitiārī: leugnen
-ce *demonstr. Partikel*: hier, da
cōnfitērī, fessus sum: gestehen, bekennen
abhorrēre, horruī ab aliquā rē: von etw. abweichen, etw. vernachlässigen
in prīmīs: vor allem
respicere: zurückblicken auf
pueritia: Kindheit
recordārī aliquid: sich erinnern an etw.
repetere: *hier*: zurückdenken
ratiō: *hier*: Bahn, Richtung
exsistere, stitī: sich zeigen, erscheinen, auftauchen
quodsī: wenn also
hortātus, ūs *m.*: Ermunterung
cōnfōrmāre: ausbilden
ā quō: *Beziehungswort ist* huic
opitulārī: helfen, beistehen

1 Sammeln Sie die lateinischen Formulierungen, die zum Sachfeld »*studium*« gehören.
2 Von welchen Inhalten seines Studiums spricht Cicero hier? Zitieren Sie lateinisch.
3 Erstellen Sie ein Satzbild des Satzes »*Si quid … debet*« (Z. 1–11). Wie ist der Satz aufgebaut?
4 Welche Rolle spielt Archias nach Ciceros Aussagen bei seinen Studien? Zitieren Sie lateinisch.
5 Wo und wie spricht Cicero von sich selbst? Deuten Sie Ihre Beobachtungen.
6 Grenzen Sie die Begriffe *ingenium*, *exercitatio* und *ratio* voneinander ab.
7 In Zeile 7 spricht Cicero von den *optimae artes*. Damit sind die *artes liberales* gemeint. Informieren Sie sich über die *artes liberales* und bereiten Sie ein Kurzreferat darüber vor.

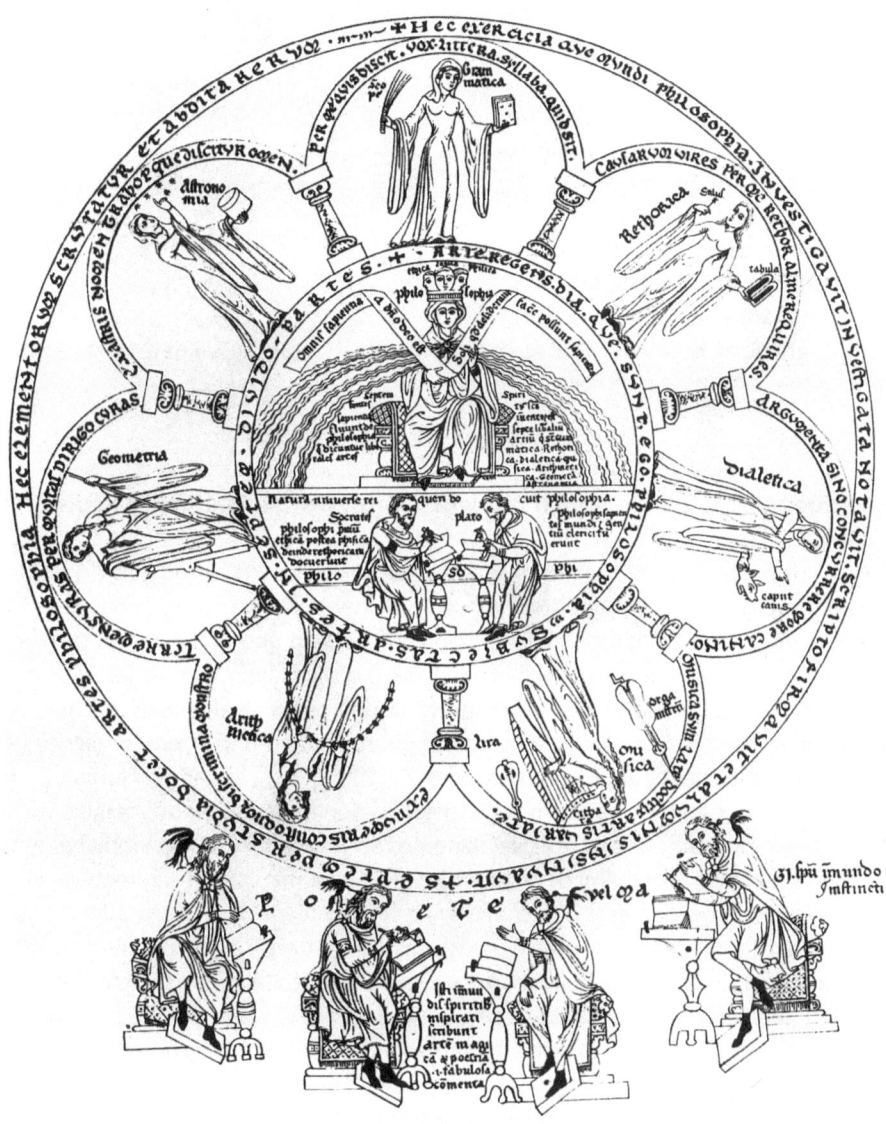

Herrad v. Landsperg, Die »sieben freien Künste«. Buchmalerei, 1170.

2 Cicero poeta?

Ac ne quis a nobis hoc ita dici forte miretur,
quod alia quaedam in hoc facultas sit ingeni
neque haec dicendi ratio aut disciplina,
ne nos quidem huic uni studio
5 penitus umquam dediti fuimus.
Etenim omnes artes,
quae ad humanitatem pertinent,
habent quoddam commune vinculum
et quasi cognatione quadam inter se continentur.

hoc: *meint den Inhalt von Text 1*
in hōc: *meint Archias*

huic ūnī studiō: *meint das Studium der Rhetorik*
penitus *Adv.*: gründlich, ganz und gar

cōgnātiō, ōnis *f.*: Verwandtschaft

Cicero schreibt 61 v. Chr. an seinen Bruder Quintus, der als Statthalter in die Provinz Asia geht:
»(27) Halte dich mit ganzem Herzen und aller Energie an das Verfahren, das du bisher angewendet hast: die, die Senat und Volk von Rom deiner Verantwortung und deiner Macht übergeben und anvertraut haben, zu lieben und auf jede Art und Weise zu schützen und sie so glücklich wie möglich sehen zu wollen. Wenn dich das Los über Afrer oder Spanier oder Gallier gestellt hätte, wilde und barbarische Nationen, wäre es dennoch Zeichen deiner Menschlichkeit, für ihre Vorteile zu sorgen und ihrem Nutzen und ihrem Wohlergehen zu dienen. Da wir aber der Gruppe von Menschen Befehle geben, in der die Humanität nicht nur persönlich anwesend ist, sondern von der sie zu den anderen gekommen ist, wie man glaubt, sind wir moralisch verpflichtet, sie denen zu erweisen, von denen wir sie bekommen haben. (28) Ich werde mich nämlich nicht schämen, das nun zu sagen – zumal bei dem Leben und den Taten, bei denen sich auch nicht der geringste Verdacht der Faulheit oder der Leichtfertigkeit festsetzen kann: dass wir das, was wir erstrebt haben, durch die Beschäftigungen und die Künste erreicht haben, die uns durch Griechenlands exemplarische Werke und Lehren überliefert sind. Deshalb glauben wir, dass wir es über die übliche Zuverlässigkeit hinaus, die allen geschuldet wird, ganz besonders dieser Menschengruppe schuldig sind, genau bei den Menschen, durch deren Vorschriften wir erzogen worden sind, das an den Tag legen zu wollen, was wir von ihnen gelernt haben.«
Cicero, epistula ad Quintum fratrem 1,1,27–28; übersetzt von H.-J. Glücklich, in: Plinius der Jüngere, Briefe, bearb. von H.-J. Glücklich (Exempla 21), Göttingen 2003, S. 95–96.

1 Wie schließt dieser Text an den vorigen an?
2 (a) Was versteht Cicero unter *humanitas*? Gehen Sie vom vorliegenden Text aus und ziehen Sie Ciceros Brief an seinen Bruder hinzu. – (c) Welche Beziehung zwischen den Studien und der *humanitas* sieht Cicero?

3 Ein ungewöhnliches Thema

Sed ne cui vestrum mirum esse videatur
me in quaestione legitima et in iudicio publico,
cum res agatur
apud praetorem populi Romani, lectissimum virum,
5 et apud severissimos iudices,
tanto conventu hominum ac frequentia
hoc uti genere dicendi,
quod non modo a consuetudine iudiciorum,
verum etiam a forensi sermone abhorreat,
10 quaeso a vobis,
ut in hac causa mihi detis hanc veniam
adcommodatam huic reo
vobis – quemadmodum spero – non molestam,
ut me pro summo poeta atque eruditissimo homine dicentem
15 hoc concursu hominum litteratissimorum,
hac vestra humanitate,
hoc denique praetore exercente iudicium patiamini
de studiis humanitatis ac litterarum paulo loqui liberius,
et in eius modi persona,
20 quae propter otium ac studium
minime in iudiciis periculisque tractata est,
uti prope novo quodam et inusitato genere dicendi.

quaestiō, ōnis f.: Untersuchung
lēgitimus: durch Gesetz bestimmt
lēctus: auserlesen
frequentia: Menschenmenge

forēnsis, e: zum Forum gehörig, gerichtlich

venia: Erlaubnis, Gunst
adcommodātus alicui: geeignet für jdn.
poēta, ae m.: Dichter
ērudītus: gebildet
litterātus: gelehrt

persōna: Person, Persönlichkeit

inūsitātus: ungewöhnlich

1 Fertigen Sie ein Satzbild für diesen Satz an.
2 Welche stilistischen Besonderheiten fallen in diesem Satz auf? Welche Wirkung sollen sie erzielen?
3 Stellen Sie aus diesem Text ein Sachfeld zum Thema Gericht(sverfahren) zusammen.
4 (a) Listen Sie diejenigen auf, die am Prozess teilnehmen. – (b) Was sagt Cicero über sie? Zitieren Sie lateinisch. – (c) Wo schmeichelt Cicero den am Prozess Beteiligten?

4 Der Ruhm des jungen Archias

Quod si mihi a vobis tribui concedique sentiam,
perficiam profecto,
ut hunc A. Licinium non modo non segregandum,
cum sit civis, a numero civium,
5 verum etiam, si non esset, putetis asciscendum fuisse.
Nam,
ut primum ex pueris excessit Archias atque ab eis artibus,
quibus aetas puerilis ad humanitatem informari solet,
se ad scribendi studium contulit,
10 primum Antiochiae – nam ibi natus est loco nobili –
celebri quondam urbe et copiosa
atque eruditissimis hominibus
liberalissimisque studiis adfluenti,
celeriter antecellere omnibus ingeni gloria contigit.
15 Post in ceteris Asiae partibus cunctaeque Graeciae
sic eius adventus celebrabantur,
ut famam ingeni exspectatio hominis,
exspectationem ipsius adventus admiratioque superaret.

sēgregāre: absondern, trennen

ascīscere, scīvī, scītum: annehmen, aufnehmen

puerīlis, e: Kinder-
īnfōrmāre: unterrichten

celeber, bris, bre: hier: stark bevölkert
cōpiōsus: hier: wohlhabend
līberālis, e: eines freigeborenen Mannes würdig, berühmt, angesehen
adfluēns, entis + Abl.: reich an
antecellere alicui: jdn. übertreffen
contigit: erg. ei
exspectātiō, ōnis f.: Erwartung
admīrātiō, ōnis f.: Bewunderung

Cicero schreibt 81/80 v. Chr. in seinem Werk über die Redekunst *De inventione*:
Durch ein ansprechendes *exordium* soll der Zuhörer wohlwollend *(benivolus)*, aufmerksam *(attentus)* und aufnahmewillig *(docilis)* gemacht werden. (Cicero, De inventione 1,20)
Wohlwollen erreicht man auf vierfache Weise: aus der eigenen Person, aus der Person des Gegners, aus der Person des Richters, aus der Sache.
Wohlwollen aus der eigenen Person erreichen wir, wenn wir über unsere Taten und Leistungen ohne Hochmut reden, wenn wir erhobene Anklagen und weniger ehrenhafte Verdächtigungen entkräften, wenn wir offen bekennen, welche Nachteile uns zugestoßen sind und welche Schwierigkeiten zu erwarten sind, wenn wir Bitten und Flehen unterwürfig und demütig anwenden.
Wohlwollen aus der Person des Gegners erreichen wir, wenn wir sie zum Gegenstand des Hasses, der Missgunst oder der Verachtung machen; zum Gegenstand des Hasses machen wir sie, wenn ihre Taten als schmutzig, überheblich, grausam oder heimtückisch dargestellt werden; zum Gegenstand der Missgunst machen wir sie, wenn man ihre Gewalt, ihre Macht, ihren Reichtum, ihre Verwandtschaft und ihren unerträglich anmaßenden Gebrauch präsentiert, sodass sie mehr darauf als auf ihre Rechtssache zu vertrauen scheinen; zum Gegenstand der Verachtung machen wir sie, wenn wir ihre Untätigkeit, Nachlässigkeit, Feigheit, ihr lässiges Interesse und ihr luxuriöses Nichtstun anprangern.

Wohlwollen aus der Person der Zuhörer erreichen wir, wenn wir Dinge vortragen, die sie tapfer, klug und milde ausgeführt haben, ohne aber allzu viel Zustimmung zu signalisieren, und wenn wir zeigen, welch ehrenhafte Einschätzung, welch große Erwartung wir in ihre Urteilskraft und Autorität setzen.
Wohlwollen aus der Sache erreichen wir, wenn wir die eigene Sache durch Lob in die Höhe heben, die Sache der Gegner aber durch Verachtung herabsetzen.
Cicero, De inventione 1,22.

1 Was will Cicero in seiner Rede beweisen? Zitieren Sie lateinisch.
2 Wie will Cicero offenbar strategisch vorgehen? Interpretieren Sie die Zeilen 3–5.
3 Lesen Sie die abgedruckte Passage aus Ciceros Werk *De inventione*. Inwiefern beachtet Cicero im *exordium* (Texte 1–4) die dort aufgestellten Grundsätze?
4 Informieren Sie sich in einem Lexikon oder im Internet über die Stadt Antiochia und vergleichen Sie Ihre Erkenntnisse mit Ciceros Beschreibung der Stadt.

5 Archias' Weg bis nach Rom

Erat Italia tunc plena Graecarum artium ac disciplinarum,
studiaque haec et in Latio vehementius tum colebantur
quam nunc eisdem in oppidis,
et hic Romae propter tranquillitatem rei publicae
5 non neglegebantur.
Itaque hunc et Tarentini et Locrenses
et Regini et Neapolitani
civitate ceterisque praemiis donarunt;
et omnes, qui aliquid de ingeniis poterant iudicare,
10 cognitione atque hospitio dignum existimarunt.
Hac tanta celebritate famae
cum esset iam absentibus notus,
Romam venit Mario consule et Catulo.
Nactus est primum consules eos,
15 quorum alter res ad scribendum maximas,
alter cum res gestas tum etiam studium
atque auris adhibere posset.
Statim Luculli,
cum praetextatus etiam tum Archias esset,
20 eum domum suam receperunt.
Sed etiam hoc non solum ingeni ac litterarum,
verum etiam naturae atque virtutis,
ut domus, quae huius adulescentiae prima fuit,
eadem esset familiarissima senectuti.

tranquillitās, ātis *f.*: Ruhe

hunc: *meint Archias*
cīvitās, ātis *f.*: Bürgerrecht

dōnārunt = dōnāvērunt
cōgnitiō, ōnis *f.*: Bekanntschaft
hospitium: (Gast-)Freundschaft
exīstimārunt = exīstimāvērunt
celebritās, ātis *f.*: Berühmtheit
nōtus: bekannt
rēs gestae, rērum gestārum *f.*: (Kriegs-)Taten
aurīs = aurēs
praetextātus: mit einer mit Purpurstreifen verzierten Toga bekleidet *(die Kinder trugen sie bis zum 17. Lebensjahr)*

Sed etiam hoc nōn sōlum ingenī …: *erg.* est: Aber das war nicht nur seiner Begabung zuzuschreiben …

6 Der Dichter und die Highsociety

Erat temporibus illis
iucundus Metello illi Numidico et eius Pio filio;
audiebatur a M. Aemilio;
vivebat cum Q. Catulo et patre et filio;
5 a L. Crasso colebatur;
Lucullos vero et Drusum et Octavios et Catonem
et totam Hortensiorum domum devinctam
consuetudine cum teneret,
adficiebatur summo honore,
10 quod eum non solum colebant,
qui aliquid percipere atque audire studebant,
verum etiam si qui forte simulabant.
Interim satis longo intervallo,
cum esset cum M. Lucullo in Siciliam profectus,
15 et cum ex ea provincia cum eodem Lucullo decederet,
venit Heracliam.
Quae cum esset civitas aequissimo iure ac foedere,
ascribi se in eam civitatem voluit idque,
cum ipse per se dignus putaretur,
20 tum auctoritate et gratia Luculli
ab Heracliensibus impetravit.

erat: *Subj. ist Archias*

dēvincīre, vinxī, vinctum: eng verbinden

percipere, cipiō, cēpī, ceptum: erfassen, lernen

intervallum: Zwischenzeit

ascrībere, scrīpsī, scrīptum: in die Bürgerliste aufnehmen

Luculli
Die *gens Licinia* gehörte zu den bedeutendsten plebejischen Familien in Rom; Angehörige dieser *gens* stellten im 5. Jahrhundert v. Chr. die ersten Volkstribune, erkämpften im 4. Jahrhundert v.Chr den Zugang zum Konsulat für Plebejer. Im 1. Jahrhundert v. Chr. gehörten die Licinier zu den einflussreichsten Politikern. Die von Cicero in dieser Rede häufig genannten Vertreter der *gens Licinia* zeigen dies:
L. Licinius Lucullus wurde 117 v. Chr. geboren; 89 v. Chr. nahm er als Militärtribun am Bundesgenossenkrieg teil. 87–79 v. Chr. war er Proquästor in Asia und nach seiner Prätur (78 v. Chr.) erhielt er als Proprätor die Provinz Africa, wo er sich durch eine gerechte Verwaltung auszeichnete. Nach seinem Konsulat (74 v. Chr.) erhielt er den Oberbefehl im 3. Mithridatischen Krieg, in dem er sich wegen zahlreicher Siege den Beinamen Ponticus erwarb; 63 v. Chr. feierte er einen Triumph. Sein immenser Reichtum gestattete ihm ein luxuriöses Leben; lukullische Gastmähler waren schon in der Antike sprichwörtlich. 56 v. Chr. starb er.
Sein Bruder M. Licinius Lucullus wurde 116 v. Chr. geboren; nach seinem Konsulat (73 v. Chr.) erhielt er als Prokonsul die Provinz Macedonia; von dort aus stieß er bis zur Donau und zur

Westküste des Schwarzen Meeres vor und durfte 71 v. Chr. einen Triumph feiern. Auch er starb 56 v. Chr.

foedus
Das Wort hängt etymologisch wohl mit dem Begriff *fides* zusammen und bedeutet »Vertrag«. Mit einem *foedus* erkennt der römische Staat die Souveränität des Vertragspartners an und regelt das Verhältnis der beiden Vertragspartner in einzelnen Fragen. Zu unterscheiden sind das *foedus aequum* und das *foedus iniquum*: Beim *foedus aequum* handelt es sich um eine Art Freundschaftsvertrag, in dem oft gegenseitige Waffenhilfe oder Handelsbestimmungen geregelt sind; im *foedus iniquum* erkennt der andere Vertragspartner die Oberhoheit Roms an. Das *foedus* ist somit ein politisches Zeichen, das die bestehende Freundschaft zwischen den Vertragspartnern herausstellt. Ein unbegründeter Bruch des *foedus* hat sakralrechtliche Folgen.

Hitler schreibt über das Entstehen von Autorität
Das erste Fundament zur Bildung von Autorität bietet stets die Popularität. Eine Autorität jedoch, die allein auf diesem Fundament ruht, ist noch äußerlich schwach, unsicher und schwankend. Jeder Träger einer solchen rein auf Popularität fußenden Autorität muss deshalb trachten, die Grundlage dieser Autorität zu verbessern und zu sichern durch Bildung von Macht. In der Macht also, in der Gewalt, sehen wir die zweite Grundlage jeder Autorität. Sie ist bereits wesentlich stabiler, sicherer, durchaus aber nicht immer kraftvoller als die erste. Vereinen sich Popularität und Gewalt und vermögen sie gemeinsam eine gewisse Zeit zu überdauern, dann kann eine Autorität auf noch festerer Grundlage entstehen, die Autorität der Tradition. Wenn endlich Popularität, Kraft und Tradition sich verbinden, darf eine Autorität als unerschütterlich betrachtet werden.
Adolf Hitler, Mein Kampf, München 1942, S. 579.

1 Erklären Sie die Wahl der Tempora im lateinischen Text.
2 Welche Wirkung hat die Namensliste zu Beginn? Ziehen Sie auch den Informationstext »Luculli« heran.
3 Informieren Sie sich in einem Handbuch oder im Internet über die mit der *civitas* verbundenen Rechte und Pflichten.
4 Welche Rechte und Pflichten hatten verbündete Städte, welche die unterworfenen Städte? Ziehen Sie neben dem Informationstext »foedus« auch ein Handbuch oder das Internet heran (Stichworte: foedus; socii).
5 Was ist mit *auctoritas* (Z. 20) gemeint? Vergleichen Sie damit Hitlers Vorstellungen von Autorität, die er in dem abgedruckten Text aus »Mein Kampf« äußert.

7 Die Lex Plautia Papiria

Data est civitas Silvani lege et Carbonis,
»si qui foederatis civitatibus ascripti fuissent,
si tum, cum lex ferebatur,
in Italia domicilium habuissent
5 et si sexaginta diebus apud praetorem essent professi.«
Cum hic domicilium Romae multos iam annos haberet,
professus est
apud praetorem Q. Metellum familiarissimum suum.

foederātus: verbündet

domicilium: Wohnsitz
sexāgintā *indeklinabel*: sechzig
profitērī, fessus sum: amtlich anmelden

Cicero schreibt 81/80 v. Chr. in seinem Werk über die Redekunst *De inventione*:
Die *narratio* ist die Darstellung der tatsächlichen oder wahrscheinlichen Ereignisse.
Cicero, De inventione 1,27.
Drei Dinge soll die *narratio* beherzigen: dass sie kurz ist, dass sie klar ist, dass sie glaubhaft ist.
Cicero, De inventione 1,28.

1 Welche Formulierungen in Z. 2–5 sind typisch für die Gesetzessprache?
2 Kaiser Caracalla verlieh 212 n. Chr. allen freien Bewohnern des Römischen Reiches das Bürgerrecht. Informieren Sie sich darüber und erklären Sie diese Maßnahme.
3 Erfüllt Cicero in den Texten 5–7 die Forderungen, die er in *De inventione* an eine *narratio* stellt? Begründen Sie Ihre Antwort.

Lex Rubria de Gallia Cisalpina. Die römische Provinz Gallia Cisalpina erhält das römische Bürgerrecht, Dezember 49. Gesetzestafeln mit den Rechten und Pflichten der Magistratsbeamten in Gallia Cisalpina. Bronze, um 49/43 v.Chr. Gefunden in Velleia.

8 Zeugen für Archias

Si nihil aliud nisi de civitate ac lege dicimus,
nihil dico amplius: causa dicta est.   *causa: hier: Rechtsstreit*
Quid enim horum infirmari, Gratti, potest?   *īnfirmāre: entkräften*
Heracliaene esse tum ascriptum negabis?
5 Adest vir summa auctoritate et religione et fide,
M. Lucullus, qui se non opinari sed scire
non audisse sed vidisse,
non interfuisse sed egisse dicit.
Adsunt Heraclienses legati, nobilissimi homines:
10 huius iudici causa
cum mandatis et cum publico testimonio venerunt;   *mandātum: Auftrag*
qui hunc ascriptum Heracliensem dicunt.
Hic tu tabulas desideras Heracliensium publicas:
Quas Italico bello incenso tabulario   *tabulārium: Archiv*
15 interisse scimus omnes.
Est ridiculum ad ea, quae habemus, nihil dicere,   *rīdiculus: lächerlich*
quaerere, quae habere non possumus
et de hominum memoria tacere,
litterarum memoriam flagitare   *flāgitāre: heftig fordern*
20 et, cum habeas amplissimi viri religionem,
integerrimi municipi ius iurandum fidemque,   *mūnicipium: (Land-)Stadt*
ea, quae depravari nullo modo possunt, repudiare,   *dēprāvāre: entstellen, fälschen*
tabulas, quas idem dicis solere corrumpi, desiderare.   *repudiāre: zurückweisen, verschmähen*

Grattius und Archias
Archias wurde von einem sonst nicht weiter bekannten Grattius angeklagt, er habe sich das römische Bürgerrecht erschlichen. Warum er den Dichter vor Gericht zog, kann man nicht mehr genau sagen: Entweder war er mit ihm persönlich verfeindet und wollte sich so an ihm rächen oder hinter Grattius verbarg sich die Partei des Pompeius, die die Anklage gegen Archias nur dazu nutzen wollte, dessen Patrone, die Brüder Lucullus, zu treffen.

Der Bundesgenossenkrieg (*Italicum bellum*)
Grund: Die Italiker fordern das von Rom oft versprochene römische Vollbürgerrecht; obwohl sie an der Seite Roms viele Kriege geführt hatten, hatte sich ihre rechtliche Position nicht verbessert.
Anlass: Der reformfreundliche Volkstribun M. Livius Drusus wird 91 v. Chr. ermordet, weil er für die Rechte der Bundesgenossen eintrat; im folgenden Jahr werden in der Sabinerstadt Asculum Römer ermordet.

Verlauf: 91/90 v. Chr. organisieren sich die Italiker in einem Bund, erheben Corfinium zu ihrer Hauptstadt; 90 v. Chr. fügen sie den Römern, die mit 14 Legionen diesem Aufstand begegnen, empfindliche Niederlagen zu; durch ein geschicktes Einlenken können die Römer die Bundesgenossen spalten: Sie verleihen den treu gebliebenen *socii* das Bügerrecht und versprechen eine Amnestie nach der Kapitulation. Ein Teil der *socii* geht auf das Angebot ein, die restlichen Truppen werden 89 v. Chr. von den Römern geschlagen.
Ergebnis: Alle Italiker, die südlich des Po siedeln, erhalten das römische Bürgerrecht.

1 (a) Zeichnen Sie die Beweisführung Ciceros nach: Worauf stützt sich Cicero, worauf Grattius? – (b) Wer von den beiden erscheint glaubwürdiger? Lesen Sie dazu auch die Begleittexte über Grattius und Archias sowie über den Bundesgenossenkrieg.
2 Mit welchen Stilmitteln unterstützt Cicero seine Aussagen? Welche Wirkung erzielen sie jeweils?
3 (a) Wie behandelt Cicero den Ankläger Grattius? – (b) Welche Wirkung hat dies auf die Zuhörer?

9 Weitere Zeugen für Archias

An domicilium Romae non habuit is,
qui tot annis ante civitatem datam
sedem omnium rerum ac fortunarum suarum
Romae conlocavit?
5 At non est professus.
Immo vero eis tabulis professus,
quae solae ex illa professione conlegioque praetorum
obtinent publicarum tabularum auctoritatem.
Nam,
10 cum Appi tabulae neglegentius adservatae dicerentur,
Gabini, quam diu incolumis fuit, levitas,
post damnationem
calamitas omnem tabularum fidem resignasset,
Metellus, homo sanctissimus modestissimusque omnium,
15 tanta diligentia fuit,
ut ad L. Lentulum praetorem et ad iudices venerit
et unius nominis litura se commotum esse dixerit.
In his igitur tabulis
nullam lituram in nomine A. Licini videtis.

professiō, iōnis *f.*: öffentliche Angabe
conlēgium: Kollegium
Appius: *gemeint ist Appius Claudius Pulcher*
neglegēns, entis: nachlässig
adservāre: aufbewahren
incolumis, e: *hier:* unbestraft, nicht verurteilt
fuit: *Subj. ist Gabinius*
levitās, ātis *f.*: Leichtsinn
damnātiō, ōnis *f.*: Verurteilung
resīgnāre: vernichten, ungültig machen
modestus: gesetzestreu, ehrbar
litūra: Änderung, das Ausstreichen

1 Wie gingen die genannten Beamten jeweils mit den *tabulae* um? Zitieren Sie lateinisch.
2 Wie stellt Cicero Metellus dar, warum macht Cicero das? Wie gestaltet er den Abschnitt stilistisch, um sein Ziel zu erreichen?
3 Zeichnen Sie die Beweisführung Ciceros nach. Worauf stützt sich Cicero?

10 Wer will nicht einen solchen (Mit-)Bürger?

Quae cum ita sunt, quid est,
quod de eius civitate dubitetis,
praesertim cum aliis quoque in civitatibus
fuerit ascriptus?
5 Etenim cum mediocribus multis
et aut nulla aut humili aliqua arte praeditis
non gravate civitatem in Graecia
homines impertiebant,
Reginos credo aut Locrensis
10 aut Neapolitanos aut Tarentinos,
quod scaenicis artificibus largiri solebant,
id huic summa ingeni praedito gloria noluisse!

Quid? Cum ceteri non modo post civitatem datam,
sed etiam post legem Papiam aliquo modo
15 in eorum municipiorum tabulas inrepserunt,
hic, qui ne utitur quidem illis, in quibus est scriptus,
quod semper se Heracliensem esse voluit, reicietur?

praeditus aliquā rē: mit etw. ausgestattet, begabt
gravātē *Adv.*: ungern
impertīre alicui aliquid: jdm. etw. gewähren
Rēgīnōs crēdō ... id huic ... nōluisse: *das meint Cicero ironisch*
Locrēnsīs = Locrēnsēs
scaenicus: zur (Theater-)Bühne gehörend
artifex ficis *m. und f.*: Künstler(in)
largīrī: reichlich schenken
inrēpere, rēpsī, (rēptum) in aliquid: sich einschleichen in etw.
ūtitur: *erg.* tabulīs
rēicere, iciō, iēcī, iectum: ausstoßen, ablehnen

1 Welche Argumente führt Cicero dafür an, dass Archias das Bürgerrecht besitzt?
2 Welche Stilmittel unterstützen Ciceros Darlegung?
3 Wie lenkt Cicero seine Leser durch die Wortwahl?

BUNDESREPUBLIK DEUTSCHLAND

Staatsangehörigkeitsausweis

Vorname(n), Familienname, Geburtsname
Jutta Maria Schweigert

geboren am: 27. Dezember 1958
in: Kaiserslautern

Wohnort: 7800 Freiburg im Breisgau

ist deutsche(r) Staatsangehörige(r).

Dieser Ausweis gilt bis zum
05. März 1994

Ort, Datum
Freiburg i. Br., den 06.03.1984

Stadt Freiburg im Breisgau
Amt für öffentliche Ordnung
- Polizeibehörde -
Im Auftrag

(Scholz)
Stadthauptsekretär

Tagebuch Nr. 85/1984

Art.-Nr. 10 005 Bundesdruckerei

Einen Staatsangehörigkeitsausweis benötigte man früher, wenn man in den baden-württembergischen Staatsdienst eintreten wollte.

11 Das »Problem« mit dem census

Census nostros requiris scilicet.

Est enim obscurum proximis censoribus
hunc cum clarissimo imperatore L. Lucullo
apud exercitum fuisse,
5 superioribus cum eodem quaestore fuisse
in Asia,
primis Iulio et Crasso
nullam populi partem esse censam.

Sed, quoniam census non ius civitatis
10 confirmat
ac tantum modo indicat eum, qui sit
census,
ita se iam tum gessisse pro cive,
eis temporibus,
15 quem tu criminaris ne ipsius quidem
iudicio
in civium Romanorum iure esse versatum,
et testamentum saepe fecit nostris legibus
et adiit hereditates civium Romanorum
20 et in beneficiis ad aerarium delatus est
a L. Lucullo pro consule.

Quaere argumenta, si qua potes:
Numquam enim his
neque suo neque amicorum iudicio
25 revincetur.

Du vermissest unsere Vermögenseinschätzung. Natürlich! Es ist ja auch ein Geheimnis, dass dieser Mann während der letzten Steuerperiode mit dem ruhmreichen Feldherrn Lucius Lucullus bei der Armee stand *(gemeint ist das Jahr 70 v. Chr.)*, während der vorletzten *(gemeint das Jahr 86 v. Chr.)* sich mit dem gleichen Manne während dessen Quaestur in Kleinasien aufhielt und dass während der ersten nach der Erteilung des Bürgerrechtes unter Iulius und Crassus *(gemeint ist das Jahr 89 v. Chr.)* überhaupt keine Schätzung irgendeines Volksteiles stattgefunden hat. Weil nun aber die Steuerliste das Bürgerrecht nicht bestätigt, sondern nur aussagt, dass der Eingeschätzte sich schon damals, als er eingeschätzt wurde, als römischer Bürger gegeben habe, so weise ich nur darauf hin, dass zu jener Zeit der Mann, den du beschuldigst, er habe nicht einmal selbst das Gefühl gehabt, er sei rechtmäßiger römischer Bürger, oft ein Testament nach unseren Gesetzen gemacht und Erbschaften römischer Bürger angetreten hat und auch von Lucius Lucullus in dessen Proconsulat als Empfänger eines Kostenersatzes bei der Staatskasse angemeldet wurde.
Suche Gegenbeweise, wenn du kannst! Denn mein Klient wird durch sein eigenes Urteil und das seiner Freunde nie überführt werden.

Übersetzung aus: M. Tullius Cicero, Pro A. Licinio Archia poeta oratio. Lateinisch/Deutsch. Übersetzt und herausgegeben von Otto Schönberger, Stuttgart 1990, S. 17–19.
© Philipp Reclam jun., Stuttgart.

Census
Der *census* meint das Aufstellen von Bürgerlisten zum Zweck der Musterung und der Vermögenseinschätzung der römischen Bürger. Normalerweise alle fünf Jahre mussten die freien Bürger Roms auf dem Marsfeld erscheinen und vor den Zensoren unter Eid Auskunft über ihre Familien- und Vermögensverhältnisse geben. Auf dieser Grundlage wurde das Vermögen besteuert. Die Zensoren trugen die Bürger in Bürgerlisten ein, die sie einer *centuria* zuwiesen; durch diese *centuriae* wurde die römische Bürgerschaft militärisch und politisch gegliedert. Bis zur Heeresreform des Marius 104–101 v. Chr. entschieden die Zensoren somit über die Wehrfähigkeit der Einzelnen. Danach hatte der *census* nur noch politische Bedeutung. Tauchte also ein Name in der Census-Liste auf, so war das ein untrügliches Zeichen dafür, dass der Betreffende römischer Bürger war und ein Stimmrecht in der Volksversammlung hatte. Abgeschlossen wurde jeder *census* mit einem Sühneopfer *(lustrum)*, das den *census* rechtswirksam machte.

Cicero schreibt 81/80 v. Chr. in seinem Werk über die Redekunst *De inventione*:
Die *confirmatio* ist der Teil, in dem wir unserer Rede Glaubwürdigkeit und Autorität verleihen, indem wir Beweise anführen.
Cicero, De inventione 1,34.

1 (a) Vergleichen Sie die Übersetzung mit dem Originaltext hinsichtlich Satzbau, Stil und Semantik. – (b) Was lässt die Übersetzung gegenüber dem Original aus, was fügt sie hinzu?

2 Zeichnen Sie die Beweisführung Ciceros nach. Worauf stützt sich Cicero? Ziehen Sie auch den Informationstext »Census« zu Rate.

3 Informieren Sie sich in einem Handbuch oder im Internet über Folgendes und bereiten Sie Kurzreferate vor: (a) Welche rechtlichen Bestimmungen mussten bei der Anfertigung von Testamenten berücksichtigt werden? – (b) Wer durfte Erbschaften antreten? – (c) Wer durfte Geldgeschenke für in der Provinz geleistete Dienste aus der Staatskasse in Empfang nehmen? (Stichwörter: *testamentum;* Erbrecht; *aerarium*).

4 Erfüllt Cicero in den Texten 8–11 die Forderungen, die er in *De inventione* an eine *confirmatio* stellt?

12 Verdienst des Archias

Quaeres a nobis, Gratti,
cur tanto opere hoc homine delectemur.
Quia suppeditat nobis,
ubi et animus ex hoc forensi strepitu reficiatur
5 et aures convicio defessae conquiescant.

An tu existimas
aut suppetere nobis posse,
quod cotidie dicamus,
in tanta varietate rerum,
10 nisi animos nostros doctrina excolamus,
aut ferre animos tantam posse contentionem,
nisi eos doctrina eadem relaxemus?

Ego vero fateor me his studiis esse deditum:
Ceteros pudeat, si qui se ita litteris abdiderunt,
15 ut nihil possint ex eis
neque ad communem adferre fructum
neque in aspectum lucemque proferre:
Me autem quid pudeat,
qui tot annos ita vivo, iudices,
20 ut a nullius umquam me tempore aut commodo
aut otium meum abstraxerit
aut voluptas avocarit
aut denique somnus retardarit?

tantō opere: so sehr
suppeditāre: reichlich zur Verfügung stellen
strepitus, ūs *m.*: Lärm
convīcium: Parteigezänk
dēfessus: erschöpft, müde
conquiēscere: zur Ruhe kommen
suppetere, petīvī, petītum: reichlich vorhanden sein
varietās, ātis *f.*: Mannigfaltigkeit, Vielfältigkeit
doctrīna: (wissenschaftliche) Belehrung
excolere: ausbilden
relaxāre aliquem: jdm. Erholung gewähren
pudet aliquem, puduit: jd. schämt sich
sē abdere, didī, ditum: sich verbergen
in aspectum lūcemque: ans Licht der Öffentlichkeit
tempus, oris *n.*: *hier*: Bedrängnis
commodum: Vorteil
abstrahere, trāxī, tractum: wegziehen, losreißen
āvocāre: wegrufen
āvocārit = āvocāverit
retardāre: abhalten
retardārit = retardāverit

Aussagen zur Bildung
(a) »Bildung ist die Fähigkeit, Wesentliches vom Unwesentlichen zu unterscheiden und jenes ernst zu nehmen.« *Paul Anton de Lagarde, Deutsche Schriften 4.*
(b) »Gebildet ist, wer Parallelen sieht, wo andere etwas völlig Neues zu erblicken glauben.« *Sigmund Graff.*
(c) »Die Aufgabe der Gebildeten: Wahrhaftig zu sein und sich wirklich in ein Verhältnis zu allem Großen zu setzen.« *Friedrich Nietzsche, Über die Zukunft unserer Bildungsanstalten.*

Position von Jean-Jacques Rousseau

Immer wollen wir in unsrer schulmeisterlichen und pedantischen Manie den Kindern etwas beibringen, was sie viel besser allein lernen, und vergessen darüber das Einzige, was wir ihnen wirklich hätten beibringen können. Gibt es etwas Dümmeres als die Mühe, die man sich macht, sie laufen zu lehren, als gäbe es Erwachsene, die durch die Nachlässigkeit ihrer Amme nicht gehen könnten! Aber wie viele Menschen gibt es, die ihr Leben lang schlecht gehen können, weil man es ihnen schlecht beigebracht hat!

Jean-Jacques Rousseau, Emile oder Über die Erziehung, hg., eingel. u. mit Anm. versehen von Martin Rang. Übers. von Eleonore Sckommodau, Stuttgart 1963, S. 183.
© *Philipp Reclam jun., Stuttgart.*

1 Welche Bedeutung hat das Zusammensein mit Archias für Cicero? Zitieren Sie lateinisch.
2 (a) Was meint Cicero mit der Formulierung: *qui se ita litteris abdiderunt* (Z. 14)? – (b) Wie unterstützen Wortwahl und Stil die Aussage?
3 Welche Funktion erfüllt Bildung nach Cicero? Vergleichen Sie dazu die oben zitierten Aussagen über Bildung und suchen Sie ggf. weitere prägnante Aussagen darüber.
4 (a) Wie sieht Ihrer Ansicht nach eine »ideale Bildung« aus? – (b) Vergleichen Sie dazu auch die Position von Jean-Jacques Rousseau.
5 Informieren Sie sich über die aktuelle Bildungsdiskussion und vergleichen Sie die Aussagen Ciceros mit diesen Ansätzen.

»Der Buchleser«. Bronze-Plastik von Ernst Barlach, 1936. Atelierhaus am Heidberg, Güstrow.

13 Wie Cicero seine Freizeit verbringt

Qua re quis tandem me reprehendat
aut quis mihi iure suscenseat,
si,
quantum ceteris ad suas res obeundas,
5 quantum ad festos dies ludorum celebrandos,
quantum ad alias voluptates
et ad ipsam requiem animi et corporis
conceditur temporum,
quantum alii tribuunt tempestivis conviviis,
10 quantum denique alveolo,
quantum pilae,
tantum mihi egomet ad haec studia recolenda sumpsero?

Atque hoc ideo mihi concedendum est magis,
quod ex his studiis
15 haec quoque crescit oratio et facultas,
quae, quantacumque in me est,
numquam amicorum periculis defuit.
Quae si cui levior videtur,
illa quidem certe, quae summa sunt,
20 ex quo fonte hauriam, sentio.

suscēnsēre alicui: jdm. zürnen
obīre, eō, iī, itum: unternehmen, auf sich nehmen
fēstus: festlich, Fest-
requiēs, ētis *f.*, *Akk. auch*: requiem: Ruhe, Erholung

tempestīvus: frühzeitig
convīvium: Gastmahl
alveolus: *hier*: Würfelspiel
pila: Ball(spiel)
-met: *zur Betonung eines Pronomens*: selbst
recolere: wieder pflegen

quantuscumque: wie groß auch immer
illa ... quae summa sunt: *Akk.-Obj. zu* hauriam
fōns, fontis *m.*: Quelle
haurīre, hausī, haustum: schöpfen, trinken

1 (a) Zitieren Sie lateinisch, welche Beschäftigungen Cicero für seine Person ablehnt und welche er vorzieht. – (b) Welches Bild entwirft er hier von sich selbst? Welche Wirkung erzielt er damit?

2 Entwerfen Sie ein Satzbild zu den Zeilen 1–12 und anlaysieren Sie den Satz stilistisch. Inwiefern unterstreichen die Stilmittel die inhaltliche Aussage?

3 An welchen Stellen verweist Cicero auf das *exordium* (Texte 1–4) zurück? Warum macht er das?

4 Informieren Sie sich über *convivia* und die Freizeitbeschäftigung der Römer und bereiten Sie ein Kurzreferat darüber vor.

14 Die Bedeutung der Literatur

Nam nisi multorum praeceptis multisque litteris
mihi ab adulescentia suasissem
nihil esse in vita magno opere expetendum
nisi laudem atque honestatem,
5 in ea autem persequenda
omnis cruciatus corporis,
omnia pericula mortis atque exsilia parvi esse ducenda,
numquam me pro salute vestra
in tot ac tantas dimicationes
10 atque in hos profligatorum hominum cotidianos impetus
obiecissem.
Sed pleni omnes sunt libri, plenae sapientium voces,
plena exemplorum vetustas:
Quae iacerent in tenebris omnia,
15 nisi litterarum lumen accederet.
Quam multas nobis imagines
non solum ad intuendum,
verum etiam ad imitandum
fortissimorum virorum expressas
20 scriptores et Graeci et Latini reliquerunt?
Quas ego mihi semper
in administranda re publica proponens
animum et mentem meam
ipsa cogitatione hominum excellentium
25 conformabam.

expetere, petīvī, petītum: erstreben, heftig verlangen
honestās, ātis *f.*: Ehrenhaftigkeit, Ehrbarkeit
omnīs = omnēs
cruciātus, ūs *m.*: Qual

dīmicātiō, ōnis *f.*: Kampf
prōflīgātus: gewissenlos

vetustās, ātis *f.*: (hohes) Alter
tenebrae, ārum *f.*: Finsternis
lūmen, minis *n.*: Licht
intuērī, tuitus sum: betrachten
imitārī: nachahmen
exprimere, pressī, pressum: ausdrücken, darstellen
scrīptor, ōris *m.*: Schriftsteller
cōgitātiō, ōnis *f.*: das (Nach-)Denken
excellēns, entis: hervorragend
cōnfōrmāre: bilden, gestalten

1 Welche Ziele sieht Cicero für sein Leben als besonders wichtig an? Zitieren Sie lateinisch.

2 Was hilft ihm dabei, diese Ziele zu erreichen? Zitieren Sie lateinisch.

3 (a) Informieren Sie sich über Ciceros Leben. – (b) Stellen Sie Bezüge zwischen diesem Text und seinem Lebenslauf her.

4 Welche Wirkung könnten Stil und Inhalt auf die Zuhörer gehabt haben?

5 Welche Bedeutung hat das *exemplum* bei den Römern? Informieren Sie sich über Cloelia, Manlius Torquatus und Mucius Scaevola und bereiten Sie ein Kurzreferat über diese Personen vor.

15 Virtus und doctrina

Quaeret quispiam: *quispiam: (irgend)jemand*
»Quid? Illi ipsi summi viri,
quorum virtutes litteris proditae sunt,
istane doctrina, quam tu effers laudibus, eruditi fuerunt?«   *ērudītus: gebildet, gelehrt*
5 Difficile est hoc de omnibus confirmare,
sed tamen est certe, quod respondeam.
Ego multos homines excellenti animo ac virtute fuisse
et sine doctrina   *habitus, ūs m.: Haltung, Zustand*
naturae ipsius habitu prope divino
10 per se ipsos et moderatos et gravis exstitisse   *moderātus: besonnen, maßvoll*
fateor: *gravīs = gravēs*
Etiam illud adiungo
saepius ad laudem atque virtutem naturam sine doctrina
quam sine natura valuisse doctrinam.
15 Atque idem ego contendo,
cum ad naturam eximiam atque inlustrem accesserit   *eximius: außerordentlich*
ratio quaedam conformatioque doctrinae,   *cōnfōrmātiō, ōnis f.: Bildung*
tum illud nescio quid praeclarum ac singulare
solere exsistere.

1 Welche Funktion erfüllt dieser Textabschnitt im Hinblick auf das Ziel der Rede?
2 (a) Erklären Sie den Unterschied zwischen *natura* und *doctrina* (Z. 7–14). – (b) Ordnen Sie die Begriffe *ingenium*, *exercitatio* und *ratio*, die Sie in Frage 6 zu Text 1 geklärt haben, den Begriffen *natura* und *doctrina* zu. – (c) Was hält Cicero für wichtiger: die *natura* oder die *doctrina*? Weshalb?
3 Zitieren Sie lateinisch, was einen gebildeten Menschen nach Ciceros Meinung ausmacht.

16 Wann und warum sollte man studieren?

Ex hoc esse hunc numero,   *esse hunc: erg. contendō*
quem patres nostri viderunt,
divinum hominem Africanum,
ex hoc C. Laelium, L. Furium,
5 moderatissimos homines et continentissimos,   *continēns, entis: hier: anständig*
ex hoc fortissimum virum et illis temporibus doctissimum,
M. Catonem illum senem:

Qui profecto si nihil
ad percipiendam colendamque virtutem
10 litteris adiuvarentur,
numquam se ad earum studium contulissent.
Quodsi non his tantus fructus ostenderetur
et si ex his studiis delectatio sola peteretur,
tamen, ut opinor,
15 hanc animi animadversionem humanissimam
ac liberalissimam iudicaretis.
Nam ceterae neque temporum sunt
neque aetatum omnium neque locorum:
At haec studia adulescentiam agunt,
20 senectutem oblectant,
secundas res ornant,
adversis perfugium ac solacium praebent,
delectant domi, non impediunt foris,
pernoctant nobiscum, peregrinantur, rusticantur.

dēlectātiō, ōnis *f.*: Vergnügen, Unterhaltung
animadversiō, ōnis *f.*: Beschäftigung

omnium: *gehört zu allen Genitiven*
oblectāre: erheitern, unterhalten
perfugium: Zuflucht
sōlācium: Trost(mittel)
forīs *Adv.*: draußen
pernoctāre: die Nacht verbringen
peregrīnārī: in der Fremde umherreisen
rūsticārī: sich auf dem Land aufhalten

Digressio

»Die Abwendung vom Redegegenstand heißt *digressio* (oder *digressus, egressio, egressus, excursus*; παρέκβασις) und besteht darin, dass der Redner statt der eigentlichen *materia* eine andere *materia* behandelt. Als solche können fungieren: 1) die Rede-Situation; 2) von der Rede-Situation verschiedene *materiae*.«
Heinrich Lausberg, Elemente der literarischen Rhetorik, 2., wesentlich erweiterte Auflage, München 1963, S. 144.

1 Wofür dienen die in Z. 1–7 genannten Personen als *exempla*?
2 Welche Vorteile hat geistige Beschäftigung gegenüber allen anderen Tätigkeiten? Zitieren Sie lateinisch.
3 Analysieren Sie Stil und Wortwahl dieses Textabschnitts. Wie unterstützt beides die Aussage?
4 Die Texte 12–16 erfüllen die Funktion einer *digressio*. Warum fügt Cicero sie in seine Rede ein? Lesen Sie dazu den Begleittext »Digressio«.

17 Hochachtung vor der Bildung anderer

Quodsi ipsi haec
neque attingere neque sensu nostro gustare possemus,
tamen ea mirari deberemus,
etiam cum in aliis videremus.
5 Quis nostrum tam animo agresti ac duro fuit,
ut Rosci morte nuper non commoveretur?
Qui cum esset senex mortuus,
tamen propter excellentem artem ac venustatem
videbatur omnino mori non debuisse.
10 Ergo ille corporis motu tantum amorem
sibi conciliarat a nobis omnibus:
Nos animorum incredibilis motus
celeritatemque ingeniorum neglegemus?

gūstāre: *etw.* zu schmecken bekommen

agrestis, e: ländlich, roh

venustās, ātis *f.*: Schönheit, Anmut

conciliāre: gewinnen
conciliārat = conciliāverat
incrēdibilīs = incrēdibilēs
celeritās, ātis *f.*: Schnelligkeit, Gewandtheit

1 (a) Was haben Roscius und Archias gemeinsam? Informieren Sie sich in einem Handbuch oder im Internet über Q. Roscius Gallus und bereiten Sie ein Kurzreferat über ihn vor. – (b) Warum erwähnt Cicero ihn an dieser Stelle?
2 (a) Welche Konnektoren wählt Cicero in diesem Abschnitt und was drückt er damit aus? – (b) Erklären Sie, welche Funktion dieser Textabschnitt hat.

18 Besondere Fähigkeiten des Archias

Quotiens ego hunc Archiam vidi, iudices,
– utar enim vestra benignitate,
quoniam me in hoc novo genere dicendi
tam diligenter attenditis –
5 quotiens ego hunc vidi,
cum litteram scripsisset nullam,
magnum numerum optimorum versuum
de eis ipsis rebus, quae tum agerentur,
dicere ex tempore,
10 quotiens revocatum eandem rem dicere
commutatis verbis atque sententiis!
Quae vero accurate cogitateque scripsisset,
ea sic vidi probari,
ut ad veterum scriptorum laudem perveniret.

quotiēns: wie oft *(als verwunderter Ausruf)*
benīgnitās, ātis *f.*: Güte, Freundlichkeit
attendere + *Akk.*: seine Aufmerksamkeit richten *auf*

ex tempore: aus dem Stegreif
revocāre: *hier:* zur Wiederholung aufrufen
commūtāre: verändern
accūrātus: sorgfältig
cōgitātus: durchdacht

15 Hunc ego non diligam, non admirer,
non omni ratione defendendum putem!
Atque sic a summis hominibus eruditissimisque accepimus ērudītus: gebildet
ceterarum rerum studia
et doctrina et praeceptis et arte constare,
20 poetam natura ipsa valere et mentis viribus excitari spīritus, ūs *m.*: Geist, Hauch
et quasi divino quodam spiritu inflari. īnflārī: *hier:* begeistert werden
Quare suo iure noster ille Ennius sanctos appellat poetas,
quod quasi deorum aliquo dono atque munere
commendati nobis esse videantur.

Horaz über die Dichter:
»Der Helden lebten vor Agamemnon schon / so viele; ohne Namen und unbeweint / ruhn sie in ew'ger Nacht des Grabes, / weil sie entbehrten des heil'gen Sängers.«
Horaz, c. 4,9,25–28; Übersetzung aus: Horaz. Aus dem Lateinischen übersetzt von Manfred Simon (Bibliothek der Antike), Berlin, Weimar, 3. Auflage 1990, S. 106.

Platon über die Dichter:
»Nun aber werden uns die größten Güter durch Begeisterung zuteil, die jedoch durch göttliche Gabe geschenkt wird. Denn die Seherin in Delphi und die Priesterinnen in Dodona haben ja, in Begeisterung versetzt, viel Schönes in privaten und öffentlichen Angelegenheiten für Griechenland getan; wenn sie ihrer Sinne mächtig waren, jedoch so gut wie gar nichts. ... Die dritte Art der Besessenheit und der Begeisterung kommt von den Musen: Wenn diese Begeisterung eine zarte und unberührte Seele ergreift, sie aufweckt und zu Gesängen und anderer Dichtung bewegt, bildet sie die Nachkommen, indem sie unzählige Taten der Alten verherrlicht. Wer aber ohne diese Begeisterung der Musen zu den Türen der Dichtkunst kommt in der Überzeugung, dass er wohl aufgrund seiner Kunstfertigkeit ein guter Dichter werden könne, der bleibt selbst uneingeweiht und seine Dichtung, die die Dichtung eines Vernunftmenschen ist, wird von denen, die mit Begeisterung erfüllt sind, in den Schatten gestellt.«
Platon, Phaidros 244a-245a; übersetzt von Hubert Müller.

1 Welche Fähigkeiten bescheinigt Cicero Archias? Zitieren Sie lateinisch.
2 (a) Beschreiben Sie, welche besonderen Fähigkeiten ein Dichter nach Ciceros Auffassung hat. – (b) Vergleichen Sie dies mit den Aussagen von Horaz und Platon über die Dichter.

19 Das exemplum Homer

Sit igitur, iudices, sanctum apud vos,
humanissimos homines, hoc poetae nomen,
quod nulla umquam barbaria violavit.
Saxa et solitudines voci respondent,
5 bestiae saepe immanes cantu flectuntur atque consistunt:
Nos instituti rebus optimis non poetarum voce moveamur?
Homerum Colophonii civem esse dicunt suum,
Chii suum vindicant, Salaminii repetunt,
Smyrnaei vero suum esse confirmant,
10 itaque etiam delubrum eius in oppido dedicaverunt:
Permulti alii praeterea pugnant inter se atque contendunt.
Ergo illi alienum, quia poeta fuit,
post mortem etiam expetunt:
Nos hunc vivum,
15 qui et voluntate et legibus noster est, repudiabimus,
praesertim cum omne olim studium
atque omne ingenium contulerit Archias
ad populi Romani gloriam laudemque celebrandam?
Nam et Cimbricas res adulescens attigit
20 et ipsi illi C. Mario,
qui durior ad haec studia videbatur, iucundus fuit.

nūlla barbaria: *hier:* kein Barbar
sōlitūdō, dinis *f.*: Einsamkeit, Wüste
bēstia: wildes Tier
immānis, e: *hier:* wild, grausam
cantus, ūs *m.*: Gesang

dēlūbrum: Tempel
dēdicāre: weihen
permultī, ae, a: sehr viele

Cimbricās rēs: *gemeint sind die Kimbernkriege, die Marius 104–100 v. Chr. führte und die Archias in einem (nicht mehr erhaltenen) Epos verherrlichte*

1 Welche Funktion hat die Anrede an die Richter in Z. 1–3?
2 Die Zeilen 4–5 spielen auf Orpheus an. Informieren Sie sich über den Mythos und erklären Sie, was Cicero hier mit dem Vergleich bezweckt.
3 Erläutern Sie den Vergleich mit Homer (Z. 7–11).
4 Welches Bild entwirft Cicero hier von Marius? Vergleichen Sie dazu auch, was Cicero in Text 5 über Marius gesagt hat.

Bildnis des Homer im sog. Blindentypus.
Ny Carlsberg Glyptothek, Kopenhagen. Gipsabguss,
Archäologisches Institut der Universität Göttingen.

20 Das exemplum Themistocles

Neque enim quisquam est tam aversus a Musis,   āversus: abgeneigt
qui non mandari versibus
aeternum suorum laborum facile praeconium patiatur.   aeternus: ewig, unvergänglich
Themistoclem illum, summum Athenis virum, dixisse aiunt,   praecōnium: Verherrlichung, Lobpreis
5 cum ex eo quaereretur,
quod acroama aut cuius vocem libentissime audiret: acroāma, matis n.: Vortragskünstler
Eius, a quo sua virtus optime praedicaretur.
Itaque ille Marius item eximie L. Plotium dilexit,   praedicāre: preisen, rühmen
cuius ingenio putabat ea, quae gesserat, posse celebrari.

1 Welcher Wunsch ist berühmten Leuten laut Cicero gemeinsam? Zitieren Sie lateinisch.
2 (a) Welche Bedeutung hat das Demonstrativpronomen *ille*? – (b) Erklären Sie den Gebrauch in den Zeilen 4 und 8.
3 Informieren Sie sich über Themistocles und bereiten Sie ein Kurzreferat über ihn vor.
4 Welches Bild entwirft Cicero hier von Marius? Vergleichen Sie dazu auch, was in den Texten 5 und 19 über ihn gesagt wurde.
5 Cicero galt als Purist, d.h., er vermied, wo es ging, Fremdwörter aus dem Griechischen. Erklären Sie, warum er hier das griechische Wort *acroama* gebraucht.

21 Archias und der Krieg gegen Mithridates

Mithridaticum vero bellum magnum atque difficile
et in multa varietate terra marique versatum
totum ab hoc expressum est:
Qui libri non modo L. Lucullum,
5 fortissimum et clarissimum virum,
verum etiam populi Romani nomen inlustrant.
Populus enim Romanus aperuit Lucullo imperante Pontum
et regiis quondam opibus et ipsa natura et regione vallatum:
Populi Romani exercitus eodem duce
10 non maxima manu innumerabilis Armeniorum copias fudit:
Populi Romani laus est
urbem amicissimam Cyzicenorum eiusdem consilio
ex omni impetu regio atque totius belli ore ac faucibus
ereptam esse atque servatam:
15 Nostra semper feretur et praedicabitur L. Lucullo dimicante,
cum interfectis ducibus depressa hostium classis est,
incredibilis apud Tenedum pugna illa navalis:
Nostra sunt tropaea, nostra monimenta, nostri triumphi.
Quae quorum ingeniis efferuntur,
20 ab eis populi Romani fama celebratur.

inlūstrāre: berühmt machen
vallāre: schützend umgeben, sichern
innumerābilis, e: unzählig
innumerābilīs = innumerābilēs
faucēs, ium *f.*: Schlund
dīmicāre: kämpfen
dēprimere, pressī, pressum: herunterdrücken, versenken
nāvālis, e: Schiffs-, zum Schiff gehörig
tropaeum: Siegeszeichen
triumphus: Triumph(zug)

1 Suchen Sie aus dem Text alle lateinischen Begriffe zum Sachfeld »Krieg« heraus und ordnen Sie diese nach einem Prinzip, das Ihnen sinnvoll erscheint, zu einer Mindmap.

2 Informieren Sie sich in einem Handbuch oder im Internet über den Mithridatischen Krieg und bereiten Sie ein Kurzreferat darüber vor.

3 (a) Welche Funktion erfüllt dieser Textabschnitt? – (b) Mit welchen Stilmitteln unterstützt Cicero seine Aussagen?

22 Das exemplum Ennius

Carus fuit Africano superiori noster Ennius,   superior, ius: *hier:* älter
itaque etiam in sepulcro Scipionum   sepulcrum: Grab(stätte)
putatur is esse constitutus ex marmore.   marmor, oris *n.*: Marmor
At eis laudibus certe
5 non solum ipse, qui laudatur,
sed etiam populi Romani nomen ornatur.
In caelum huius proavus Cato tollitur: proavus: Urgroßvater
Magnus honos populi Romani rebus adiungitur.   honōs = honor
Omnes denique illi Maximi, Marcelli, Fulvii
10 non sine communi omnium nostrum laude decorantur.   decorāre: schmücken, ehren
Ergo illum, qui haec fecerat, Rudinum hominem
maiores nostri in civitatem receperunt:
Nos hunc Heracliensem multis civitatibus expetitum,
in hac autem legibus constitutum   in hāc: *gemeint ist Rom*
15 de nostra civitate eiciemus?   ēicere, ēiciō, ēiēcī, ēiectum: hinauswerfen

1 Sammeln Sie Wörter zum Sachfeld »Lob« aus diesem Text.
2 Vergleichen Sie diese Textstelle mit Text 19 und zeigen Sie Parallelen und Unterschiede. Deuten Sie den Befund.

Scipionengrab an der Via Appia Antica in Rom.

23 Bedeutung der Dichter

Nam, si quis minorem gloriae fructum putat
ex Graecis versibus percipi quam ex Latinis,
vehementer errat,
propterea quod Graeca leguntur in omnibus fere gentibus,
5 Latina suis finibus exiguis sane continentur.
Quare, si res eae, quas gessimus,
orbis terrae regionibus definiuntur,   dēfīnīre: begrenzen
cupere debemus,
quo eminus manuum nostrarum tela pervenerint,   ēminus: in der Ferne
10 eodem gloriam famamque penetrare,   penetrāre: sich begeben, hineinkommen
quod cum ipsis populis, de quorum rebus scribitur,
haec ampla sunt,
tum eis certe, qui de vita gloriae causa dimicant,
hoc maximum et periculorum incitamentum est et laborum.   incitāmentum: Anreiz

Vergil, *Aeneis* 6,847–853

Andere mögen Gebilde aus Erz in weicherem Gusse
formen, ich glaub's, und lebendige Züge dem Marmor verleihen,
besser mit Reden verfechten das Recht und die Bahnen des Himmels
zeichnen mit messendem Stab und der Sterne Erscheinen verkünden:
Du aber, Römer, gedenke mit Macht der Völker zu walten,
dies sei deine Berufung – des Friedens Gesetze zu ordnen,
Schon den, der sich gefügt, doch brich den Trotz der Rebellen!

Aus: Vergil, Aeneis. Epos in zwölf Gesängen. Unter Verwendung der Übertragung von Ludwig Neuffers übersetzt und herausgegeben von Wilhelm Plankl unter Mitwirkung von Karl Vretska, Stuttgart, 1994. © Philipp Reclam jun., Stuttgart.

1 Weshalb ist es für die Römer besonders wichtig, dass Menschen wie Archias über sie schreiben?

2 (a) Informieren Sie sich in einem Geschichtsbuch über die römische Expansion vom 4. Jahrhundert v. Chr. bis zum 1. Jahrhundert n. Chr. und bereiten Sie ein Kurzreferat darüber vor. – (b) Wie begründeten die Römer ihre Eroberungszüge (z. B. Vergil, *Aeneis* 6,847–853)?

24 Achills Glück

Quam multos scriptores rerum suarum
magnus ille Alexander secum habuisse dicitur!
Atque is tamen,
cum in Sigeo ad Achillis tumulum astitisset:
5 »O fortunate« inquit »adulescens,
qui tuae virtutis Homerum praeconem inveneris!« Et vere.
Nam, nisi illi ars illa exstitisset, idem tumulus,
qui corpus eius contexerat, nomen etiam obruisset.
Quid? Noster hic Magnus,
10 qui cum virtute fortunam adaequavit,
nonne Theophanem Mytilenaeum, scriptorem rerum suarum,
in contione militum civitate donavit;
et nostri illi fortes viri, sed rustici
ac milites dulcedine quadam gloriae commoti
15 quasi participes eiusdem laudis
magno illud clamore approbaverunt?

tumulus: (Grab-)Hügel
astāre, stitī: dabeistehen
fortūnātus: glücklich
praecō, ōnis m.: Ausrufer, Verkünder
contegere, tēxī, tēctum: bedecken
obruere, ruī, rutum: vergraben, vernichten
Māgnus: gemeint ist Pompeius
rūsticus: ländlich, bäurisch
dulcēdō, dinis f.: Reiz, Anmut
particeps, cipis alicuius reī: beteiligt an etw.
approbāre: zustimmen, anerkennen

1 Zitieren Sie lateinisch, welche Bedeutung die Dichter für die Römer nach Ciceros Darstellung haben.
2 Welche Funktion erfüllt dieser Textabschnitt? Was beabsichtigt Cicero mit der Erwähnung Achills und Homers?
3 Informieren Sie sich in einem Handbuch, im Internet oder in einem Museum über antike Bestattungsriten und bereiten Sie ein Kurzreferat darüber vor (möglichst mit Bildmaterial).

Kampf Achill gegen Memnon. Ostfries des Siphnier-Schatzhauses, Delphi. Gipsabguss, Archäologisches Institut der Universität Göttingen.

25 Sulla und der malus poeta

Itaque, credo,
si civis Romanus Archias legibus non esset,
ut ab aliquo imperatore civitate donaretur,
perficere non potuit.
5 Sulla cum Hispanos donaret et Gallos, credo,
hunc petentem repudiasset:
Quem nos in contione vidimus,
cum ei libellum malus poeta de populo subiecisset,
quod epigramma in eum fecisset
10 tantum modo alternis versibus longiusculis,
statim ex eis rebus, quas tunc vendebat,
iubere ei praemium tribui,
sed ea condicione, ne quid postea scriberet.
Qui sedulitatem mali poetae duxerit
15 aliquo tamen praemio dignam,
huius ingenium et virtutem
in scribendo et copiam non expetisset?
Quid?

ut ... dōnārētur: abhängig von perficere

dōnāret: erg. cīvitāte

libellus: Büchlein
epigramma, atis *n*.: Epigramm
alternīs versibus longiusculīs:
in kümmerlichen
abwechselnden Langversen
(gemeint sind Distichen)

sēdulitās, ātis *f*.: Eifer, Geschäftigkeit

1 Welche Funktion erfüllt die ironische Anekdote aus dem Leben Sullas?
2 Wodurch wird die abschätzige Meinung Sullas über den *malus poeta* deutlich?
3 Was meint *ex eis rebus, quas tunc vendebat*? Informieren Sie sich genauer über die unter Sulla übliche Praxis der Proskriptionen und bereiten Sie ein Kurzreferat darüber vor.

Lucius Cornelius Sulla, 138–78 v. Chr. Porträtbüste.

26 Was alle Menschen antreibt

A Q. Metello Pio, familiarissimo suo,
qui civitate multos donavit,
neque per se neque per Lucullos impetravisset?
Qui praesertim usque eo de suis rebus scribi cuperet,
5 ut etiam Cordubae natis poetis
pingue quiddam sonantibus atque peregrinum
tamen auris suas dederet.

Neque enim est hoc dissimulandum,
quod obscurari non potest,
10 sed prae nobis ferendum:
Trahimur omnes studio laudis,
et optimus quisque maxime gloria ducitur.
Ipsi illi philosophi etiam in eis libellis,
quos de contemnenda gloria scribunt,
15 nomen suum inscribunt:
In eo ipso,
in quo praedicationem nobilitatemque despiciunt,
praedicari de se ac nominari volunt.

pinguis, e: *hier*: schwülstig
sonāre, sonuī: (er)klingen
peregrīnus: fremd
aurīs = aurēs

dissimulāre: verhehlen, verheimlichen
obscūrāre: verheimlichen

philosophus: Philosoph

īnscrībere, scrīpsī, scrīptum alicui reī: auf etw. schreiben
praedicātiō, ōnis *f.*: Lobpreis
dēspicere, spiciō, spēxī, spectum: verachten

1 Stellen Sie aus dem Text ein Sachfeld zum Thema »rühmen« zusammen.
2 *Trahimur omnes studio laudis*: Wie versucht Cicero diese Aussage zu belegen?

»*Trahimur omnes studio laudis*«. Szenenfoto aus dem Theaterstück »Zarah Leander. Made in Germany« von Luise Rist und Mark Zurmühle. Zu sehen sind die Protagonistin des Stücks, das Zarah-Leander-Double (Renate Winkler), und ihr Sohn (Christopher Weiß) mit Fan-Post. Deutsches Theater in Göttingen, Spielzeit 2005/2006.

27 Das exemplum Brutus

Decimus quidem Brutus, summus vir et imperator,
Acci, amicissimi sui, carminibus
templorum ac monumentorum aditus exornavit suorum.
Iam vero ille, qui cum Aetolis Ennio comite bellavit,
5 Fulvius non dubitavit
Martis manubias Musis consecrare.
Quare, in qua urbe imperatores prope armati
poetarum nomen et Musarum delubra coluerunt,
in ea non debent togati iudices
10 a Musarum honore et a poetarum salute abhorrere.

exōrnāre: schmücken
bellāre: Krieg führen
Mārtis manubiae, ārum *f.*: Kriegsbeute
cōnsecrāre: weihen
armātus: bewaffnet
dēlūbrum: Tempel
togātus: im Friedenskleid

1 Was will Cicero mit dem *exemplum* aufzeigen?

Statue einer Muse. Röm. Kopie nach dem griech. Vorbild einer Musengruppe der Zeit um 130 v. Chr. Die Figur wurde 1812 in Rom von Bertel Thurwalsen ergänzt.

28 Cicero und sein Konsulat

Atque ut id libentius faciatis,
iam me vobis, iudices, indicabo
et de meo quodam amore gloriae nimis acri fortasse
verum tamen honesto vobis confitebor.
5 Nam, quas res nos in consulatu nostro vobiscum
simul pro salute huius urbis atque imperi
et pro vita civium proque universa re publica gessimus,
attigit hic versibus atque inchoavit:
Quibus auditis, quod mihi magna res et iucunda visa est,
10 hunc ad perficiendum hortari non destiti.
Nullam enim virtus
aliam mercedem laborum periculorumque desiderat
praeter hanc laudis et gloriae.
Qua quidem detracta, iudices, quid est,
15 quod in hoc tam exiguo vitae curriculo
et tam brevi tantis nos in laboribus exerceamus?

imperī = imperiī

hic: *gemeint ist Archias*
inchoāre: beginnen

desistere, stitī, stitum + *Inf.*: *mit etw.* aufhören
mercēs, ēdis *f.*: Lohn

dētrahere, trāxī, tractum: herabziehen, wegnehmen
curriculum: (Renn-)Bahn

Cicero schreibt über sein Konsulat:
a) Cedant arma togae, concedat laurea laudi! *De consulatu suo, frg. 6.* Die Waffen mögen der Toga weichen, der Lorbeer mag dem Lob weichen.
b) O fortunatam natam me consule Romam! *De consulatu suo, frg. 7.* O glückseliges Rom, geboren, als ich Konsul war!

1 (a) Wie schätzt Cicero selbst sein Konsulat ein? Zitieren Sie lateinisch. – (b) Informieren Sie sich über Ciceros Konsulat und vergleichen Sie Ciceros Selbsteinschätzung mit einem historischen Urteil.
2 Informieren Sie sich über das von Cicero hier angekündigte Werk des Archias und bereiten Sie ein Kurzreferat darüber vor.

29 Der Stimulus gloriae

Certe si nihil animus praesentiret in posterum,
et si,
quibus regionibus vitae spatium circumscriptum est,
isdem omnis cogitationes terminaret suas,
5 nec tantis se laboribus frangeret
neque tot curis vigiliisque angeretur
nec totiens de ipsa vita dimicaret.
Nunc insidet quaedam in optimo quoque virtus,
quae noctes ac dies animum gloriae stimulis concitat
10 atque admonet
non cum vitae tempore
esse dimittendam commemorationem nominis nostri,
sed cum omni posteritate adaequandam.

praesentīre: vorher ahnen
regiō, ōnis *f.*: *hier*: Grenze, Schranke
circumscrībere, scrīpsī, scrīptum: beschränken
omnīs = omnēs
termināre: begrenzen
angere: einengen, beunruhigen
īnsidēre in aliquō: jdm. innewohnen
stimulus: Ansporn, Stachel
concitāre: antreiben
commemorātiō, ōnis *(f.)*
alicuius reī: Erinnerung an etw.
posteritās, ātis *f.*: Nachwelt

1 Wie begründet Cicero sein Engagement für den Staat?
2 Wie unterstützt die stilistische Ausgestaltung des Textes die Aussage?

30 Memoria sempiterna

sempiternus: immer während, ewig

An vero tam parvi animi videamur esse omnes,
qui in re publica
atque in his vitae periculis laboribusque versamur,
ut, cum usque ad extremum spatium nullum tranquillum
5 atque otiosum spiritum duxerimus,
nobiscum simul moritura omnia arbitremur?
An statuas et imagines,
non animorum simulacra, sed corporum,
studiose multi summi homines reliquerunt:
10 Consiliorum relinquere ac virtutum nostrarum effigiem
nonne multo malle debemus
summis ingeniis expressam et politam?
Ego vero omnia, quae gerebam,
iam tum in gerendo spargere me ac disseminare arbitrabar
15 in orbis terrae memoriam sempiternam.
Haec vero sive a meo sensu post mortem afutura est

tranquillus: ruhig
ōtiōsus: müßig, frei von Staatsgeschäften
an: doch wohl *(führt die vorausgegangene Frage näher aus)*

effigiēs, ēī *f.*: Bild

polīre: glätten, ausfeilen
spargere, sparsī, sparsum: ausstreuen
dissēmināre: verbreiten
sempiternus: immer während, ewig

sive, ut sapientissimi homines putaverunt,
ad aliquam mei partem pertinebit,
nunc quidem certe cogitatione quadam speque delector.

Tacitus beschreibt seine Vorstellung vom Sein nach dem Tod:
»(1) Wenn es für die Manen der Pflichtbewussten einen Platz gibt, wenn, wie es den Philosophen gefällt, große Seelen nicht zusammen mit dem Körper ausgelöscht werden, dann ruhe sanft, rufe bitte uns und dein Haus von schwächlichem Verlangen und weibischem Klagen zur Betrachtung deiner Tugenden, über die zu trauern und zu klagen gegen göttlichen Willen verstieße. (2) Wir wollen dich eher durch Bewunderung und Lobreden, und wenn die Natur es uns gewährt, durch Ähnlichkeit verehren. Das ist wahre Ehrung, das die Pflicht gerade der Nächststehenden. (3) Das möchte ich auch der Tochter und der Gattin zur Auflage machen, so das Andenken an den Vater und den Ehemann zu ehren, dass sie alle seine Taten und Worte sich immer wieder vergegenwärtigen, mehr Schönheit und Gestalt seines Geistes als seines Körpers in ihr Herz aufnehmen, nicht weil ich der Meinung bin, man müsse gegen Bilder, die aus Marmor oder Erz geformt werden, einschreiten, sondern weil sowohl das menschliche Antlitz als auch seine Abbilder zerbrechlich und vergänglich sind, die Gestalt des Geistes aber ewig; ihn kannst du nicht mithilfe einer (ihm) fremden Materie und mit Kunstfertigkeit festhalten und darstellen, sondern nur in eigener Person durch deinen Charakter. (4) Alles, was wir an Agricola geliebt haben, alles, was wir bewundert haben, bleibt und wird in den Herzen der Menschen bleiben in der Dauer der Zeiten, durch den Ruhm seiner Taten. Denn das Vergessen hat viele Männer früherer Zeiten zugeschüttet, sodass sie ruhmlos und unbekannt sind; Agricola aber wird, weil er der Nachwelt dargestellt und überliefert ist, unsterblich sein.«
Tacitus, De vita et moribus Iulii Agricolae, c. 46.

Probatio (Beweisführung)
»Die in der *argumentatio* vorgebrachten Beweise *(probationes)* können mehr sachlich (mit dem Ziel, den Richter intellektuell zu überzeugen) oder mehr affektisch (mit dem Ziel, den Richter emotional zu überreden) sein, wobei die affektischen Beweise in ethische (mit sanften Affektstufen Sympathie werbende) und pathetische (in heftigen Affektstufen erschütternde) Beweise aufgeteilt werden.«
Heinrich Lausberg, Elemente der literarischen Rhetorik, 2., wesentlich erweiterte Auflage, München 1963, S. 27.

1 Welche Möglichkeiten eines Weiterlebens nach dem Tod erörtert Cicero hier?
2 Informieren Sie sich über unterschiedliche antike Vorstellungen vom Leben nach dem Tod (z.B. Pythagoras, Epikur, Platon, Stoa …) und bereiten Sie ein Kurzreferat darüber vor. Vergleichen Sie auch das, was Tacitus in dem oben abgedruckten Text dazu schreibt.
3 Lesen Sie den Text zur *probatio*. Welche Taktik hat Cicero in den Texten 17–30 gewählt? Weshalb wohl?

31 Ciceros Plädoyer I

Quare conservate, iudices, hominem pudore eo,	Rettet also, ihr Richter, einen Mann, dessen ehrenhafte Gesinnung ihr durch die
quem amicorum videtis comprobari cum dignitate,	langjährige Freundschaft hoch angesehener Männer verbürgt seht, dessen Talent so
5 tum etiam vetustate,	groß ist, wie man es wohl voraussetzen
ingenio autem tanto,	muss, wenn sich darum, wie ihr seht, die
quantum id convenit existimari,	vornehmsten und geistvollsten Männer
quod summorum hominum ingeniis expetitum esse videatis,	bemüht haben, dessen Sache vollends derart ist, dass sie durch Begünstigung des
10 causa vero eius modi,	Gesetzes, die Bürgschaft einer freien Stadt,
quae beneficio legis, auctoritate municipi,	das Zeugnis eines Lucullus und die Listen
testimonio Luculli, tabulis Metelli comprobetur.	eines Metellus gerechtfertigt wird.

Übersetzung aus: M. Tullius Cicero, Pro A. Licinio Archia poeta oratio. Lateinisch/Deutsch. Übersetzt und herausgegeben von Otto Schönberger, Stuttgart 1990, 41–43. © Philipp Reclam jun., Stuttgart.

Quae cum ita sint, petimus a vobis, iudices,
si qua non modo humana, verum etiam divina
in tantis ingeniis commendatio debet esse,   commendātiō, ōnis *f.*: Empfehlung
ut eum, qui vos, qui vestros imperatores,
5 qui populi Romani res gestas semper ornavit,
qui etiam his recentibus nostris vestrisque domesticis periculis   domesticus: zum Haus gehörig, einheimisch
aeternum se testimonium laudis daturum esse profitetur,
eoque est e numero,
qui semper apud omnis sancti sunt habiti itaque dicti,
10 sic in vestram accipiatis fidem,
ut humanitate vestra levatus potius
quam acerbitate violatus esse videatur.   acerbitās, tātis *f.*: Strenge

1 (a) Vergleichen Sie die Übersetzung mit dem Originaltext hinsichtlich Satzbau, Stil und Semantik. – (b) Was lässt die Übersetzung gegenüber dem Original aus, was fügt sie hinzu?
2 Welche Qualitäten des Archias erwähnt Cicero hier?
3 (a) Welche Passagen seiner Rede nimmt Cicero in diesem Textabschnitt wieder auf? – (b) Was ist bereits bekannt, was neu?
4 Zeigen Sie anhand einer Stilanalyse, dass Cicero am Schluss der Rede die Richter noch einmal intensiv in seinem Sinne lenken will.

32 Ciceros Plädoyer II

Quae de causa pro mea consuetudine
breviter simpliciterque dixi, iudices,
ea confido probata esse omnibus.
Quae a forensi abhorrentia sermone iudicialique consuetudine
5 et de hominis ingenio et communiter de ipso studio locutus sum,
ea, iudices, a vobis spero esse in bonam partem accepta,
ab eo, qui iudicium exercet, certo scio.

simplex, plicis: einfach
iūdiciālis, e: gerichtlich

Cicero schreibt 81/80 v. Chr. in seinem Werk über die Redekunst *De inventione*:
»Die *peroratio* ist der Schluss der ganzen Rede; sie hat die drei Teile: kurze Aufzählung der Fakten *(enumeratio)*, Empörung *(indignatio)*, Klage *(conquestio)*.«
Cicero, De inventione 1,98.

Peroratio
»Der kurze Schlussteil *(peroratio)* … nimmt das in der *argumentatio* Bewiesene nunmehr als sicher *(certum)* an. Auf Grund dieser Sicherheit fordert er den Richter auf, einen parteigünstigen Urteilsspruch zu fällen. Er hat somit zwei Funktionen:
a) Die Feststellung des erreichten Sicherheitsgrades erfolgt dadurch, dass die Übereinstimmung zwischen *propositio* und *conclusio* festgestellt wird, dass geeignete Beweise der *argumentatio* in kurzer Formulierung wiederholt und gehäuft werden.
b) Die Erregung parteigünstiger Affekte soll dem Richter einen Impuls zur Fällung eines parteigünstigen Urteils geben.«
Heinrich Lausberg, Elemente der literarischen Rhetorik, 2., wesentlich erweiterte Auflage, München 1963, S. 27–28.

1 (a) Welche Passagen seiner Rede nimmt Cicero in diesem Textabschnitt wieder auf? – (b) Was ist bereits bekannt, was neu?
2 Wie versucht Cicero hier nochmals die Richter zu beeinflussen?
3 Lesen Sie den abgedruckten Text aus Ciceros *De inventione* und den Text zur *peroratio*. Erfüllt Cicero in den Texten 31–32 die Forderungen, die an eine *peroratio* gestellt wurden? Begründen Sie Ihre Einschätzung.

Erklärendes Verzeichnis der Eigennamen

Sofern nicht anders vermerkt, handelt es sich bei den Jahreszahlen um Daten v. Chr.

L. Accius (27): 170–90, röm. Tragödiendichter, der auch über D. Brutus ein Buch schrieb
Achillēs (24): Sohn des Thessalierkönigs Peleus und der Nereide Thetis, griech. Held vor Troja
M. Aemilius Scaurus (6): 163/2–89/88, bedeutender röm. Politiker, Konsul 115, Censor 109
Aetōlī, ōrum (27): Bewohner einer Landschaft im westlichen Mittelgriechenland
Alexander (24): 356–323 König von Makedonien, eroberte innerhalb kurzer Zeit ein riesiges Weltreich
Antiochīa (4): Hauptstadt Syriens, das heutige Antakia
Armeniī, ōrum (21): Bewohner Armeniens; Gebiet am oberen Euphrat und Tigris
Asia (4, 11): röm. Provinz seit 133, westliche Hälfte von Kleinasien
Athēnae, ārum (20): Athen, Hauptstadt von Attika

Chios (19): Insel im Ägäischen Meer
Cimbrī, ōrum (19): germanisches Volk an der unteren Elbe
Ap. Claudius Pulcher (9): Quaestor 99, Praetor 89, Konsul 79, er starb 77/76.
M. Claudius Mārcellus (22): Praetor 224, Konsul 222; im Zweiten Punischen Krieg siegte er 215 bei Nola und eroberte 212 Syrakus, fiel 209 in der Schlacht bei Petelia.
Colophōn, ōnis *f.* (19): Stadt in Kleinasien; die Stadt beanspruchte für sich, Geburtsort von Homer zu sein.
Corduba (26): Stadt in Spanien, das heutige Cordova
P. Cornēlius Scīpiō Aemilianus Âfricānus minor Numantīnus (16): 185–129, eroberte 146 Karthago und 122 Numantia
P. Cornēlius Scīpiō Âfricānus maior (22): 235–183, siegte 202 bei Zama über Hannibal
L. Cornēlius Sulla Fēlīx (25): 138–79, Diktator, Gegner des Marius im Kampf der Optimaten gegen die Popularen
Cyzicēnī, ōrum (21): Bewohner der Stadt Cyzicus an der Propontis

Q. Ennius (18, 22, 27): 239–169, Dichter aus Rudiä in Kalabrien, gilt als Begründer des lat. Epos; er schrieb auch Tragödien, Satiren und Lehrgedichte.

Q. Fabius Maximus Cūnctātor (22): Gegner Hannibals, Diktator 217, zeichnete sich durch seine vorsichtige Haltung gegenüber den Karthagern aus und ließ sich nicht in gefährliche Schlachten verwickeln
M. Fulvius Nōbilior (22, 27): Konsul 189, siegte über die Aetoler, galt als Gönner des Ennius
L. Fūrius Philus (16): Konsul 136, Mitglied des Scipionenkreises, ein Gesprächsteilnehmer in Ciceros Werk *De re publica*

A. Gabīnius (9): Quaestor 102/101, Praetor 89
Gallī, ōrum (25): Bewohner Galliens
Graecia (4, 10): Griechenland oder im weiteren Sinne auch Großgriechenland, d.i. das von den Griechen kolonisierte Unteritalien
Grattius (8, 12): ansonsten unbekannt, klagte Archias an, er habe sich das Bürgerrecht erschlichen

Hēraclīa (6, 8): Stadt am Golf von Tarent
Hēracliēnsis (6, 8, 10, 22): Bewohner von Hēraclīa
Hispānī, ōrum (25): Bewohner der (beiden) Provinzen Hispānia citerior und Hispānia ulterior
Homērus (19, 24): griech. Dichter, 8. Jh., verfasste die *Ilias* und die *Odyssee*
Hortēnsiī (6): Vertreter der Familie der Hortensier; der Bekannteste von ihnen war der berühmte Redner Q. Hortensius Hortalus (114–50).

Italia (5): Italien
L. Iūlius Caesar (11): Praetor 95, Konsul 90, Censor 89, wird 87 von den Marianern erschlagen
D. Iūnius Brūtus Callaicus (27): Konsul 138, siegte über spanische Völker und galt als sehr gelehrter Mann seiner Zeit

C. Laelius Sapiēns (16): 190–123, Konsul 140, Mitglied des Scipionenkreises, beförderte die Verbreitung griech. Bildung in Rom
Latium (5): Landschaft um Rom
L. Lentulus (9): Praetor 89
A. Licinius Archīās (1, 4, 5, 9, 18, 19, 25): 118–62, griech. Dichter aus Antiochīa, kam nach ausgedehnten Reisen nach Rom und gehörte dort dem Freundeskreis Ciceros an; dieser verteidigte ihn 62 gegen den Vorwurf, er habe sich das röm. Bürgerrecht erschlichen; seine nicht erhaltenen Epen behandeln den Mithridatischen Krieg und den Kimbernkrieg.
L. Licinius Crassus (6): 140–91, Konsul 95, bedeutendster Redner seiner Zeit
P. Licinius Crassus (11): Konsul 97, Censor 89, gibt sich 87 bei der Einnahme Roms durch die Marianer selbst den Tod
L. Licinius Lūcullus (11, 21, 22): 117–56, Konsul 74, führte als Oberbefehlshaber die Truppen gegen Mithridates; er und seine Familie fühlten sich mit Archias eng verbunden.
M. Licinius Lūcullus (6, 8, 11, 31): 116–56, Bruder des vorher Genannten, Konsul 73, trat im Prozess als Hauptzeuge für Archias auf
M. Līvius Drūsus (6): 124–91, Quaestor 102, Volkstribun 91, trat für die Rechte der Bundesgenossen ein und wurde ermordet, was ein Anlass für den Bundesgenossenkrieg war
Locrēnsēs, nsium (5, 10): Einwohner der unteritalischen Stadt Locrī, einer Kolonie der griech. Lokrer
Lūcullī (5, 26): Familienmitglieder der berühmten gens Licinia

Q. Lutātius Catulus (5): 150–87, Konsul 102, besiegte 101 mit Marius zusammen die Kimbern, von Marius später geächtet, trat als gebildeter Redner und Geschichtsschreiber hervor, beging Selbstmord

C. Marius (5, 19, 20): 158/7–86, Praetor 115, Konsul 107, 104–100, kämpfte siegreich gegen die Germanen, reformierte das Heer, Rivale Sullas
Mārs, Mārtis (27): röm. Gott des Krieges, Sohn des Jupiter und der Juno, Vater des Romulus
Q. Caecilius Metellus Numidicus (6, 26, 32): Konsul 109, kämpfte siegreich gegen Jugurtha und erhielt dafür den Ehrennamen Numidicus, Censor 102, ging 100 freiwillig ins Exil, weil er das Ackergesetz des Saturnius nicht mittragen wollte, kehrte 99 zurück
Q. Caecilius Metellus Pius (6): Praetor 89, Konsul 80, erhielt wegen seines Einsatzes für die Rückberufung seines Vaters aus dem Exil den Beinamen Pius
Mithridātēs Eupator (21): 132–63, König von Pontus; gegen ihn führte Rom lange Jahre Krieg; er nahm sich nach dem endgültigen Sieg der Römer das Leben.
Mūsae (20, 27): Töchter des Zeus und der Mnemosyne, Göttinnen der Künste mit Schwerpunkten: Kleio (Geschichte, Kithara), Melpomene (Tragödie, Trauergesang, lesbisches Lied), Terpsichore (Lyra), Thaleia (Komödie), Euterpe (Flötenmusik), Erato (Gesang, Tanz), Urania (Sternkunde), Polyhymnia (Barbiton, Tanz, Pantomime, Geometrie), Kalliope (Saitenspiel, heroische Dichtung, Epik)
Mytilēnaeī (24): Bewohner von Mytilene, der Hauptstadt der Insel Lesbos im Ägäischen Meer

Neāpolitānī, ōrum (5, 10): Bewohner der Stadt Neapel in Kampanien

Octāviī (6): nomen gentile einer berühmten Familie

C. Papīrius Carbō (7): Volkstribun 89, brachte das Gesetz ein, das empfahl, den mit Rom verbündeten civitates das Bürgerrecht zu erteilen; Praetor 81, wurde 80 bei einer Meuterei von seinen eigenen Soldaten gesteinigt
C. Pāpius (10): Volkstribun 65, Urheber eines Gesetzes gegen unberechtigte Anmaßung des röm. Bürgerrechtes
M. Plautius Silvānus (7): Volkstribun 89, brachte mit seinem Kollegen C. Papīrius Carbō das Gesetz ein, das empfahl, den mit Rom verbündeten civitates das Bürgerrecht zu erteilen
L. Plōtius Gallus (20): einer der ersten Rhetoriklehrer in Rom Anfang des 1. Jh., war mit Marius befreundet
Cn. Pompēius Māgnus (24): 106–48, Konsul 70, 59, 52 (sine collega), 48, kämpfte erfolgreich gegen Mithridates, schloss 60 mit Crassus und Caesar das sog. Erste Triumvirat, später Gegner Caesars; ab 49 kämpften Pompēius und Caesar im Bürgerkrieg gegeneinander.
Pontus (21): Königreich des Mithridates zwischen Bithynien und Armenien, zwischen Kappadokien und Schwarzem Meer

M. Porcius Catō māior Cēnsōrius (16, 22): 234–149, Quaestor 204, befreundet mit Ennius, den er mit nach Rom brachte, Konsul 195, Censor 184, kämpfte für die altröm. virtus, schrieb eine Geschichte Roms von der Gründung bis zu seiner Zeit und ein wissenschaftliches Werk *De agricultura*

M. Porcius Catō minor Uticēnsis (6): 95–46, Urenkel des vorher Genannten, Quaestor 64, Praetor 54, als überzeugter Republikaner kämpfte er auf Seiten des Pompeius, gab sich selbst den Tod, obwohl Caesar ihn begnadigte.

Rēgīnī, ōrum (5, 10): Bewohner der Stadt Rēgium an der sizilianischen Meerenge, des heutigen Reggio

Q. Rōscius Gallus (17): berühmter Schauspieler zur Zeit Ciceros, starb kurz vor 62

Rudīnī, ōrum (22): Bewohner der Stadt Rudiae in Kalabrien, der Geburtsstadt des Ennius

Salamīniī, ōrum (19): Bewohner der Stadt Salamis auf Zypern; Salamis beanspruchte für sich, Geburtsort Homers zu sein.

Scīpiōnēs (22): Vertreter der gens Cornelia

Sicilia (6): Sizilien

Sīgēum (24): Vorgebirge in der Nähe von Troja

Smyrnaeī, ōrum (19): Bewohner der Stadt Smyrna in Ionien; diese Stadt beanspruchte für sich, Geburtsort Homers zu sein.

Tarentīnī, ōrum (5, 10): Bewohner der Stadt Tarent in Kalabrien

Tenedus, i *f.* (21): Insel an der Küste vor Troas

Themistoclēs (20): athenischer Staatsmann, besiegte 480 die Perser bei Salamis

Theophanēs (24): Geschichtsschreiber aus Mytilene, mit Pompeius befreundet

Lernwortschatz

A

abhorrēre, horruī ab aliquā rē	von etw. abweichen, etw. vernachlässigen
abstrahere, trāxī, tractum	wegziehen, losreißen
admīrātiō, ōnis f.	Bewunderung
aeternus	ewig, unvergänglich
agrestis, e	ländlich, roh
antecellere alicui	jdn. übertreffen
armātus	bewaffnet
artifex, ficis m. und f.	Künstler(in)
ascīscere, scīvī, scītum	annehmen, aufnehmen
ascrībere, scrīpsī, scrīptum	in die Bürgerliste aufnehmen

B

bellāre	Krieg führen
bēstia	wildes Tier

C

cantus, ūs m.	Gesang
celeritās, ātis f.	Schnelligkeit, Gewandtheit
cīvitās, ātis f.	Bürgerrecht
cōgitātiō, ōnis f.	das (Nach-)Denken
cōgnātiō, ōnis f.	Verwandtschaft
cōgnitiō, ōnis f.	Bekanntschaft
commodum	Vorteil
conciliāre	gewinnen
concitāre	antreiben
cōnfitērī, fessus sum	gestehen, bekennen
cōnsecrāre	weihen
contegere, tēxī, tēctum	bedecken
convīvium	Gastmahl
cruciātus, ūs m.	Qual

D

dēprimere, pressī, pressum	herunterdrücken, versenken
desistere, stitī, stitum + Inf.	mit etw. aufhören
dēspicere, spiciō, spēxī, spectum	verachten
dētrahere, trāxī, tractum	herabziehen, wegnehmen
dīmicāre	kämpfen
dissimulāre	verhehlen, verheimlichen
doctrīna	(wissenschaftliche) Belehrung
domesticus	zum Haus gehörig, einheimisch
domicilium	Wohnsitz

E

effigiēs, ēī f.	Bild
ēicere, ēiciō, ēiēcī, ēiectum	hinauswerfen
ērudītus	gebildet
excellēns, entis	hervorragend
exiguus	klein, gering
eximius	außerordentlich
expetere, petīvī, petītum	erstreben, heftig verlangen
exprimere, pressī, pressum	ausdrücken, darstellen
exsistere, stitī	sich zeigen, erscheinen, auftauchen

F

faucēs, ium f.	Schlund
fēstus	festlich, Fest-

flāgitāre	heftig fordern	modestus	gesetzestreu, ehrbar
fōns, fontis *m.*	Quelle	mūnicipium	(Land-)Stadt
forēnsis, e	zum Forum gehörig, gerichtlich		
forīs *Adv.*	draußen	**N**	
fortūnātus	glücklich	nāvālis, e	Schiffs-, zum Schiff gehörig
		nōtus	bekannt
H			
habitus, ūs *m.*	Haltung, Zustand	**O**	
		obīre, eō, iī, itum	unternehmen, auf sich nehmen
haurīre, hausī, haustum	schöpfen, trinken	obruere, ruī, rutum	vergraben, vernichten
honestās, ātis *f.*	Ehrenhaftigkeit, Ehrbarkeit	ōtiōsus	müßig, frei von Staatsgeschäften
hospitium	(Gast-) Freundschaft		
		P	
I		particeps, cipis alicuius reī	beteiligt an etw.
imitārī	nachahmen		
inlūstrāre	berühmt machen	percipere, cipiō, cēpī, ceptum	erfassen, lernen
īnscrībere, scrīpsī, scrīptum alicui reī	auf etw. schreiben	peregrīnus	fremd
		perfugium	Zuflucht
intervallum	Zwischenzeit	persōna	Person, Persönlichkeit
intuērī, tuitus sum	betrachten		
		pila	Ball(spiel)
L		poēta, ae *m.*	Dichter
largīrī	reichlich schenken	praedicāre	preisen, rühmen
levitās, ātis *f.*	Leichtsinn	praeditus aliquā rē	mit etw. ausgestattet, begabt
libellus	Büchlein		
līberālis, e	eines freigeborenen Mannes würdig, berühmt, angesehen	profitērī, fessus sum	amtlich anmelden
		pudet aliquem, puduit	jd. schämt sich
		puerīlis, e	Kinder-
		pueritia	Kindheit
lūmen, minis *n.*	Licht		
		Q	
M		quaestiō, ōnis *f.*	Untersuchung
mandātum	Auftrag	quodsī	wenn also
marmor, oris *n.*	Marmor	quotiēns	wie oft *(als verwunderter Ausruf)*
mercēs, ēdis *f.*	Lohn		
moderātus	besonnen, maßvoll		

R

recordārī aliquid	sich erinnern an etw.
rēicere, iciō, iēcī, iectum	ausstoßen, ablehnen
repudiāre	zurückweisen, verschmähen
requiēs, ētis *f.*, *Akk. auch*: requiem	Ruhe, Erholung
rēs gestae, rērum gestārum *f.*	(Kriegs-)Taten
rūsticus	ländlich, bäurisch

S

scrīptor, ōris *m.*	Schriftsteller
sē abdere, didī, ditum	sich verbergen
sēgregāre	absondern, trennen
sepulcrum	Grab(stätte)
simplex, plicis	einfach
sōlācium	Trost(mittel)
sōlitūdō, dinis *f.*	Einsamkeit, Wüste
sonāre, sonuī	(er)klingen
spargere, sparsī, sparsum	ausstreuen
spīritus, ūs *m.*	Geist, Hauch
strepitus, ūs *m.*	Lärm
suppeditāre	reichlich zur Verfügung stellen
suppetere, petīvī, petītum	reichlich vorhanden sein

T

tempestīvus	frühzeitig
tranquillus	ruhig
triumphus	Triumph(zug)
tumulus	(Grab-)Hügel

V

varietās, ātis *f.*	Mannigfaltigkeit, Vielfältigkeit
venia	Erlaubnis, Gunst
vetustās, ātis *f.*	(hohes) Alter